이란 이슬람공화국 헌법

قانون اساسی جمهوری اسلامی ایران

명지대학교중동문제연구소
중동국가헌법번역HK총서09

이란 이슬람공화국 헌법

قانون اساسی جمهوری اسلامی ایران

명지대학교 중동문제연구소
موسسه مطالعات امور خاورمیانه

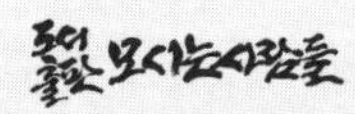

이 역서는 2010년 정부(교육과학기술부)의 재원으로 한국연구재단의 지원을 받아 수행된 연구임(NRF-2010-362-A00004)

머리말

명지대학교 중동문제연구소는 2010년부터 10년 동안 한국연구재단의 인문한국지원사업 해외지역연구 사업을 수행하고 있습니다. “현대 중동의 사회변동과 호모이슬라미쿠스: 샤리아 연구와 중동학 토대구축”이란 대주제 하에 종합지역 연구(아젠다), 종합지역정보시스템 구축, 지역전문가 및 학문후속세대 양성, 국내외네트워크 형성 및 협력 강화, 사회적 서비스 사업을 중점적으로 수행하고 있습니다. 이러한 사업의 일환으로 중동문제연구소에서는 현대 중동 국가들의 정체성을 가장 구체적으로, 가장 명료하게 표현해 놓은 중동어(아랍어, 페르시아어) 헌법 원문을 우리 글로 번역 출판하는 작업을 하고 있습니다.

2013년 5월 31일 『사우디아라비아 통치기본법』, 2014년 4월 30일 『쿠웨이트 헌법』, 2014년 6월 30일 『아랍에미리트 헌법』, 2015년 4월 30일 『카타르 헌법』, 2015년 5월 31일 『오만 술탄국 기본법』, 2016년 1월 30일 『바레인 헌법』, 2016년 5월 31일 『튀니지 헌법』, 2017년 5월 『알제리 인민민주공화국 헌법』에 이어 『이란 이슬람공화국 헌법』을 번역 출판하게 되었습니다. 『이란 이슬람공화국 헌법』을 번역함에 있어서 페르시아어 원문의 의미에 가장 가까우면서도 독자들이 가장 잘 이해할 수 있도록 번역하기 위해 페르시아어학자, 아랍어학자, 정치학자, 종교학자, 헌법학자들이 함께 했습니다.

헌법에는 한 국가의 법적 · 정치적 · 경제적 · 사회적 · 문화적 정체성과 그 안에 살고 있는 사람들의 삶의 양태가 가장 포괄적으로 규정되어 있습니다. 국가의 헌법 규정 하에서 살고 있는 사람들은 법 생활뿐 아니라 정치 · 경제 · 사회 · 문화 생활에서 공통의 정향성을 형성하기 때문에 헌법을 이해하는 것은 그 국가에 대한 기초적이면서도 종합적인 이해를 위한 초석이 될 것입니다.

1979년 이란 이슬람혁명 성공 직후 12월에 제정되었고, 1989년 7월에 개정된 이란의 현 헌법은 서문과 총 14장 177조로 구성되어 있습니다. 다른 아랍국가의 헌법과 서구 국가들의 헌법들에 비교하여 이란 헌법은 여러 가지 특징이 있습니다. 이러한 특이한 특징은 결국 이란 정치경제 체제의 특이성을 보여주는 것입니다.

이란 헌법의 가장 큰 특징 중 하나는 제1조와 2조, 제56조에 규정된 '신(神) 주권론'과 제6조에 규정된 '국민투표에 의한 대통령,

의회, 위원회, 기타 주요 권력 기관의 구성'입니다. 신 주권론(신정)과 국민 투표에 의한 권력 구성(민주주의)를 조합시킨 이란의 정치경제체제를 일반적으로 신정민주주의라고 부릅니다. 이란 헌법의 또 하나의 특징은 '이란의 공식적 종교는 이슬람이며, 특히 12이맘파 시아 자으파리 법학파'라고 규정한 것입니다(제12조). 이슬람 시아파 중 12이맘파를 국교로 하고 있습니다. 이와 동시에 이슬람 타 종파와 학파, 타종교의 자유로운 종교행사를 수용한다고 규정하고 있습니다(제12, 13조). 그러나 '법 테두리 내에서'라고 전제함으로써 하위 법에 의해 통제할 수 있는 방안을 마련해 놓았습니다. 이란의 의회는 이슬람의회로 불립니다. 의원은 4년마다 국민직선으로 선출되고, 총 290석중 5석은 소수종교에 할당됩니다.

이란 정치체제에서 헌법수호위원회는 중요한 역할을 합니다. 이슬람의회가 제정한 모든 법은 헌법수호위원회의 심의를 거치게 되어 있습니다(제94조). 헌법수호위원회는 헌법해석의 권위도 보유하고 있고, 최고지도자전문가의회 선거, 공화국 대통령 선거, 이슬람의회 선거, 국민투표를 관리하는 권한도 가지고 있습니다(제99조).

이란 헌법은 세계의 다른 거의 모든 국가와 마찬가지로 여러 가지 '자유권' 보장을 규정해놓았습니다(제3장: 제19조~42조). '이란 이슬람공화국의 경제는 국가, 기업, 개인 세 분야로 이루어지고 조직적이고 건전한 계획을 바탕으로 한다(제44조).'고 규정함으로써 개인과 기업의 사적 소유를 인정하면서도 주요 기간 산업의 국가소유를 강조하고 있습니다. 또한 이란 헌법에는 '최고지도자 또는 최고지도자전문가의회' 규정(제8장)이 있습니다.

한편, 2015년 7월 14일, P5+1(유엔안보리 상임이사국 5개국과 독일)과 이란이 '포괄적 공동행동계획(Joint Comprehensive Plan of Action)'에 합의하여 이란 핵문제를 평화롭게 해결한 이후, 많은 국가들이 이란과 경제협력을 도모하기 위해 분주히 움직이기 시작하였습니다. 물론 우리나라 대통령도 이란을 방문하여 66건에 이르는 상호 협력 차원의 양해각서를 체결한 바 있습니다. 이러한 시기에 중동문제연구소는 하산 타헤리안 주한 이란 대사의 협조와 지원으로 이란 헌법을 번역하게 되었습니다.

중동문제연구소는 중동연구의 기반 구축 사업의 일환으로 중동 주요 국가들의 헌법을 그 나라의 공용어 원문에 충실하게 번역하는 우리나라 최초의 연구소입니다. 무슨 일이나 '최초'라는 것은 개척자라는 의미도 있지만 용기와 두려움을 필요로 합니다. 아랍어문학, 페르시아어문학, 정치학, 이슬람학 전공자들이 번역하고, 헌법학 전공 교수의 감수를 받았음에도 세상에 내놓기에 두려움이 앞섭니다. 강의와 논문 작성 등 교수의 본업을 충실히 하면서도 꾸준히 공동번역과 여러 차례 교정작업을 했고 헌법학자의 감수를 거쳤습니다. 그럼에도 불구하고 중동어(아랍어, 페르시아어) 자체의 난해함, 언어문화나 언어구조의 상이성, 페르시아어 단어의 다의미성으로 인해 독자 여러분이 읽기에 어려운 부분이 있을 것이고, 문맥상 오류도 발견될 것으로 보입니다. 독자들의 애정 어린 평가를 기대합니다.

이란 이슬람공화국 헌법 번역 출판을 할 수 있도록 재정 지원을 해준 한국연구재단, 번역 작업에 참여한 김종도 교수, 정상률 교수, 임병필 교수, 박현도 교수와 감수를 맡아 꼼꼼히 읽고 평가해 주신 한국외국어대학교 이란어과 곽새라 교수님과 김현종 변호사님, 이란 현대 종교와 정치, 어려운 법 용어나 개념 이해에 도움을 주신 부산외국어대학교 지중해지역원 모자파리(Mohammad Hassan Mozafari) 교수님께 감사드립니다.

2017년 6월 15일

명지대학교 중동문제연구소장 이종화

축사

자비로우시고 자애로우신 신의 이름으로

명지대학교 중동문제연구소가 이란 이슬람공화국 헌법을 한국어로 번역한 것은 매우 가치 있고 뜻 깊은 일입니다. 의심할 여지 없이, 이 훌륭한 노력은 이란 현대 사회에 많은 관심을 갖고 있는 한국의 연구자, 학생, 정치 · 사회 평론가들이 이란을 이해하는 데 유익하게 활용할 수 있을 것입니다.

헌법은 한 나라의 최고 법적 문서이고, 다른 규율들을 정하는 지침이 됩니다. 헌법은 국가의 정치원칙, 구조, 위계, 정부의 위상과 권력의 한계를 결정하며, 시민의 권리를 규정하고 보장합니다. 다시 말해, 헌법이 국가의 통치 체계를 결정하고, 통치 조직간 상호 관계, 국가와 국민 간 상호

بسم الله الرحمن الرحیم

ابتکار ارزشمند موسسه مطالعات خاورمیانه دانشگاه میونگ جی در ترجمه قانون اساسی جمهوری اسلامی ایران به زبان کره ای ، اقدامی بسیار ارزشمند و قابل تحسین است. بدون شک این تلاش ستودنی می تواند در مسیر آشنایی بیشتر محققان، دانشجویان و تحلیلگران اجتماعی و سیاسی کره ای که علاقمند تحقیق در خصوص موضوعات مربوط به جامعه معاصر ایران هستند مفید واقع شود.
قانون اساسی عالی ترین سند حقوقی یک کشور و راهنمایی برای تنظیم قوانین دیگر است. قانون اساسی تعیین کننده اصول سیاسی، ساختار، سلسله مراتب، جایگاه و حدود قدرت سیاسی دولت یک کشور و تعیین و تضمین کننده حقوق شهروندان

관계 설정에서 중요성을 가지고 있다는 관점에서 보면, 헌법 연구를 통해 국가의 통치 구조, 사상적 기반과 토대를 효과적으로 이해할 수 있습니다.

1979년 2월 이슬람혁명이 성공하여 이란 이슬람공화국이 성립된 이후, 이맘 호메이니의 명령으로 이란 이슬람공화국 헌법의 초안이 준비되었고, 최고지도자전문가의회가 최종검토 하였습니다. 승인된 이란 헌법은 1979년 12월 3일 국민투표에 부쳐졌고, 최종적으로 95%의 찬성으로 의결되었습니다. 이 헌법은 1989년 재검토되었고, 1989년 7월 27일 국민투표에서 97.38%의 찬성으로 개정되었습니다. 이란 헌법은 이슬람 율법과 가르침에서 영감을 받았고, 국민투표를 존중하고 중시하며 이슬람식 민주주의의 형태를 제시합니다. 따라서 이란 헌법 연구는 신의 통치에

آن است. به عبارت دیگر قانون اساسی قانون تعیین کننده نظام حاکم یک کشور می باشد و از این لحاظ در شکل دهی روابط میان اجزاء هیئت حاکمه و مناسبات میان دولت و ملت از اهمیت زیادی برخوردار بوده و مطالعه و بررسی قانون اساسی هر کشور می تواند در شناخت پایه های اصلی ساختار حکومتی و پایه های فکری کشور موثر باشد.

بعد از پیروزی انقلاب اسلامی در فوریه ۱۹۷۹ و شکل گیری جمهوری اسلامی ایران، به دستور امام خمینی پیش نویس قانون اساسی جمهوری اسلامی ایران تهیه و توسط مجلس خبرگان قانون اساسی مورد بررسی نهایی قرار گرفت. قانون اساسی تصویب شده در تاریخ سوم دسامبر ۱۹۷۹ در یک همه پرسی عمومی به رای مردم گذاشته شد و نهایتا با ۹۵ درصد رای موافق به اجراء گذاشته شد. این قانون مجددا در سال ۱۹۸۹ مورد بازنگری قرار گرفت و در تاریخ ۲۷ جولای ۱۹۸۹ به موجب

기초한 민주주의 모델을 배우는 데 있어서 효과적입니다.

마지막으로 다시 한 번 이 훌륭한 작업에 애써주신 분들께 감사 드리며, 이란과 한국 두 나라가 전 분야에서 우정과 협력 관계를 확대하고 발전시키길 희망합니다.

1395년 에스판드(Esfand)월 26일

2017년 3월 16일

주한 이란 이슬람공화국 대사

하산 타헤리안

Hassan Taherian

همه پرسی با ۹۷ / ۳۸ درصد رای مستقیم مردم به تائید رسید. با توجه به اینکه قانون اساسی ایران با الهام از تعالیم و شریعت اسلامی و با تکیه و احترام به رای مردم تنظیم گردیده مدلی از الگوی مردم سالاری اسلامی را ارائه می دهد که بررسی آن در شناخت مدل حکومت مردم سالاری بر پایه حاکمیت الهی موثر خواهد بود.

در پایان مجددا به سهم خود از دست اندرکاران این اقدام ارزشمند نهایت قدردانی و تشکر را داشته و امیدوارم که مناسبات دوستانه و همکاریهای دو کشور ایران و کره در کلیه زمینه ها گسترش و تعمیق یابد.

حسن طاهریان

سفیر جمهوری اسلامی ایران — ۲۶ اسفند ۱۳۹۵

차례

자비로우시고 자애로우신 신(神)[1]의 이름으로

우리는 우리들의 사도들[2]에게 명백한 증거를 내리고, 그들에게 경전[3]과 저울을 보내 사람들이 정의롭게 살도록 하였으니.[4]

서문

이란 이슬람공화국의 헌법은 이슬람공동체[5]의 진심 어린 소망을 반영한 이슬람의 원칙과 규범에 바탕을 둔 이란 사회의 문화적 · 사회적 · 정치적 · 경제적 기반에 대한 선언이다. 각계각층의 사람들이 외친 결단력 있고 강한 구호에서 보듯, 위대한 이란 이슬람혁명의 본질과, 시작부터 승리할 때까지 무슬림들의 투쟁 과정은 이러한 근본적인 소망을 구체화시켰다. 이제 이 위대한 승리의 선봉에서

بسم الله الرحمن الرحیم

لقد ارسلنا رسلنا بالبینات و انزلنا معهم الکتاب
و المیزان لیقوم الناس بالقسط

مقدمه

قانون اساسی جمهوری اسلامی ایران مبین نهادهای فرهنگی، اجتماعی، سیاسی و اقتصادی جامعه ایران بر اساس اصول و ضوابط اسلامی است که انعکاس خواست قلبی امت اسلامی میباشد. ماهیت انقلاب عظیم اسلامی ایران و روند مبارزه مردم مسلمان از ابتدا تا پیروزی که در شعارهای قاطع و کوبنده همه قشرهای مردم تبلور می یافت این خواست اساسی

우리 국가는 이러한 요구가 실현되기를 온 마음으로 열망한다.

최근 한 세기 동안 발생한 이란의 여타 항쟁과 비교해 보았을 때 이 혁명의 근본적인 특징은 이념적이고 이슬람적이라는 점이다. 이란의 무슬림은 헌정 수립을 위해 전제왕정에 반대하고, 석유국유화를 위해 식민주의에 반대한 항쟁이 이념 부재 때문에 실패하였음을 깨달았다. 기본적이고도 구체적인 실패 원인을 알았다는 점에서 항쟁 실패는 소중한 경험이었다. 비록 최근의 항쟁에서 이슬람적 사유와 투쟁적인 성직자의 인도(引導)가 기본적이고 중요한 역할을 하였지만, 그러한 투쟁은 진정한 이슬람에서 벗어났기 때문에 곧 쇠락하였다. 그 결과, 국가의식이 깨어 고귀한 대(大)아야톨라 이맘 호메이니의 인도 하에 진정 사상적이고 이슬람적인 항쟁을 전개해야 할 필요성을 깨달았다. 항상 대중 항쟁의 선두에 섰던 투쟁적 성직자, 작가, 지성인들은 그의 지도 아래 새로운 추동력을 얻

را مشخص کرده و اکنون در طلیعه این پیروزی بزرگ ملت ما با تمام وجود نیل به آن را می طلبد. ویژگی بنیادی این انقلاب نسبت به دیگر نهضتهای ایران در سده اخیر مکتبی و اسلامی بودن آن است، ملت مسلمان ایران پس از گذر از نهضت ضد استبدادی مشروطه و نهضت ضد استعماری ملی شدن نفت به این تجربه گرانبار دست یافت که علت اساسی و مشخص عدم موفقیت این نهضتها مکتبی نبودن مبارزات بوده است. گرچه در نهضتهای اخیر خط فکری اسلامی و رهبری روحانیت مبارز سهم اصلی و اساسی را بر عهده داشت، ولی به دلیل دور شدن این مبارزات از مواضع اصیل اسلامی، جنبشها به سرعت به رکورد کشانده شد. از اینجا وجدان بیدار ملت به رهبری مرجع عالیقدر تقلید حضرت آیت الله العظمی امام خمینی ضرورت پیگیری خط نهضت اصیل مکتبی و اسلامی را دریافت و این بار

었다(이란의 최근 항쟁은 이슬람음력 1382년, 이슬람양력 1341년[6]에 시작하였다).

항쟁의 선봉

전제정권의 기반을 강화하고 정치적 · 문화적 · 경제적으로 이란이 세계제국주의에 깊이 의존하게끔 만드는 발판이었던 미국의 계략 '백색혁명'을 이맘 호메이니가 강력하게 반대하고 나선 것이 국민 연합 항쟁의 원동력이었다. 뒤이어 1342년 호르다드(Khordad)월에[7] 위대한 유혈 이슬람 움마 혁명이 일어났다. 이는 진정 장엄한 항거가 꽃피는 시발점으로, 이맘이 이슬람 지도자로서 중심적 위치를

روحانیت مبارز کشور که همواره در صف مقدم نهضتهای مردمی بوده و نویسندگان و روشنفکران متعهد با رهبری ایشان تحرك نوینی یافت. (آغاز نهضت اخیر ملت ایران در سال هزار و سیصد و هشتاد و دو هجری قمری برابر با هزار و سیصد و چهل و یك هجری شمسی می باشد).

طليعه نهضت

اعتراض در هم کوبنده امام خمینی به توطئه آمریکایی «انقلاب سفید» که گامی در جهت تثبیت پایه هاي حکومت استبداد و تحکیم وابستگی سیاسی، فرهنگی و اقتصادی ایران به امپریالیزم جهانی بود عامل حرکت یکپارچه ملت گشت و متعاقب آن انقلاب عظیم و خونبار امت اسلامی در خرداد ماه ۱۳۴۲ که در حقیقت نقطه آغاز شکوفایي این قیام

차지하고 있음을 확인한 사건이었다. 미국고문에게 면책권을 부여한 것에 저항한 후 이맘은 이란에서 추방되었지만, 움마와 이맘이 맺은 굳은 연대감은 깊어졌다. 무슬림들, 특히 헌신적인 지성인들과 투쟁적인 성직자들은 추방, 투옥, 고문, 사형을 무릅쓰고 그들의 길을 계속 걸었다.

사회의 의식있고 책임있는 일부 계층에서는 모스크, 신학교, 대학교 등에서 사람들을 계몽하였다. 혁명적이고 유익한 이슬람의 가르침에 고무되어 그들은 무슬림의 사상의식, 혁명정신을 고양하는 끈질긴 투쟁을 벌였다. 전제정권은 페이지예(Feyziyeh)[8]와 대학과 여타 활발한 혁명중심지를 공격하고 사람들의 분노를 피하고자 가장 비열하고 잔인한 방법으로 이슬람혁명을 탄압하기 시작하였다. 우리 무슬림들은 굳은 결기로 투쟁을 계속하면서 처형부대, 중세식 고문, 장기투옥을 감수해야만 하였다. 새벽 처형장에서 "알라후 아크바르(신은 위대하시다)"를 외치거나 골목길과 시장에서 적의 총의 표적이 된 신앙심 깊은 수백 명

شکوهمند و گسترده بود مرکزیت امام را به عنوان رهبری اسلامی تثبیت و مستحکم نمود و علیرغم تبعید ایشان از ایران در پی اعتراض به قانون ننگین کاپیتولاسیون (مصونیت مستشاران آمریکایی) پیوند مستحکم امت با امام همچنان استمرار یافت و ملت مسلمان و به ویژه روشنفکران متعهد و روحانیت مبارز راه خود را در میان تبعید و زندان، شکنجه و اعدام ادامه دادند.

در این میان قشر آگاه و مسئول جامعه در سنگر مسجد، حوزه های علمیه و دانشگاه به روشنگری و با الهام از مکتب انقلابی و پربار اسلام تلاش پیگیر و ثمر بخشی را در بالا بردن سطح آگاهی و هوشیاری مبارزاتی و مکتبی ملت مسلمان آغاز کرد. رژیم استبداد که سرکوبی نهضت اسلامی را با حمله دژخیمانه به فیضیه و دانشگاه و همه کانونهای پرخروش انقلاب آغاز نموده بود به مذبوحانه ترین

의 젊은 남녀가 이슬람혁명을 지탱하였고, 여러 차례에 걸친 이맘의 지속적인 선언문과 성명이 이슬람공동체의 의식과 결의를 더욱 깊게 하고 더욱 널리 전파하였다.

이슬람 정부

이슬람법 전문가의 통치[9]에 근간한 이슬람 정부는 전제정권이 자행한 탄압과 살해의 정점에서 이맘 호메이니가 제

اقدامات ددمنشانه جهت رهايي از خشم انقلابی مردم دست زد و در این میان جوخه هاي اعدام، شکنجه های قرون وسطايي و زندانهای درازمدت، بهايي بود که ملت مسلمان ما به نشانه عزم راسخ خود به ادامه مبارزه می پرداخت. خون صدها زن و مرد جوان و با ایمان که سحرگاهان در میدانهای تیر فریاد «الله اکبر» سر می دادند یا در میان کوچه و بازار هدف گلوله های دشمن قرار می گرفتند انقلاب اسلامی را تداوم بخشید، بیانیه ها و پیامهای پی درپی امام به مناسبتهای مختلف، آگاهی و عزم امت اسلامی را عمق و گسترش هر چه فزونتر داد.

حکومت اسلامی

طرح حکومت اسلامی بر پایه ولایت فقیه که در اوج خفقان و اختناق رژیم استبدادی از سوی امام خمینی ارائه

안한 것으로 무슬림들에게 명확하고 새롭고 통일된 목적을 제시하고 이슬람 사상 투쟁의 진정한 길을 열어줌으로써 국내・외 헌신적인 무슬림 투쟁가들의 분투가 더욱 격화되었다.

국내에서 점증하는 교살과 압력 때문에 마침내 국민의 불만과 강렬한 분노가 일어날 때까지 투쟁은 지속되었고, 성직자들과 대학생들의 투쟁은 국제적 차원에서 반영되어 정권의 기반을 강력하게 흔들었다. 불가피하게 정권과 권력자들은 압력과 교살을 줄이고 국내 정치적 공간을 개방하였는데, 이는 정권 붕괴를 피하고자 하는 희망으로 내려진 조치였다. 그러나 분노하고 의식이 있으며 결의에 찬 국민은 이맘의 굳건하고 흔들리지 않는 지도력 아래 승리와 통합의 혁명을 광범위하게 시작하였다.

شد انگیزه مشخص و منسجم نوینی را در مردم مسلمان ایجاد نمود و راه اصیل مبارزه مکتبی اسلام را گشود که تلاش مبارزان مسلمان و متعهد را در داخل و خارج کشور فشرده‌تر ساخت.

در چنین خطی نهضت ادامه یافت تا سرانجام نارضایتی ها و شدت خشم مردم بر اثر فشار و اختناق روزافزون در داخل و افشارگری و انعکاس مبارزه به وسیله روحانیت و دانشجویان مبارز در سطح جهانی، بنیانهای حاکمیت رژیم را به شدت متزلزل کرد. و به ناچار رژیم و اربابانش مجبور به کاستن از فشار و اختناق و به اصطلاح باز کردن فضای سیاسی کشور شدند تا به گمان خویش دریچه اطمینانی به منظور پیشگیری از سقوط حتمی خود بگشایند. اما ملت برآشفته و آگاه و مصمم به رهبری قاطع و خلل ناپذیر امام، قیام پیروزمند و یکپارچه خود را به طرز گسترده و سراسری آغاز نمود.

국민의 분노

1356년 데이(Dey)월 17일[10] 정권이 성직자, 특히 이맘 호메이니의 존엄성을 모욕하는 기사를 출판하면서 항쟁이 급속히 진행되고 전국적으로 분노가 폭발하였다. 분노의 화산을 억제하고자 정권은 폭력과 유혈로 항쟁을 잠재우려 하였으나 오히려 혁명의 혈관에 더 많은 피를 불어넣는 결과를 낳았다. 혁명의 순교자를 위한 매 7일째 및 40일째 추도식에 혁명이 지속적으로 고조되면서 전국적인 항쟁에 연대의 생명력, 뜨거움과 열정이 더해졌다. 국민의 항쟁이 지속되면서 모든 국가 기관이 연합 파업과 시가 시위로 압제정권 타도에 참가하였다. 사회 · 종교 · 정치 등 모든 층에서 남녀가 널리 연대를 이루어 분노의 항쟁에 참여한 것이 결정적이었다. 특히 여성이 적극적이고 광범위하게 이 위대한 투쟁의 모든 단계에 참가하였다. 아이를 안고 전장으로 뛰어가는 어머니와 기관총을 함께 볼 수 있던 광경은

خشم ملت

انتشار نامه توهین آمیز به ساحت مقدس روحانیت و به ویژه امام خمینی در ۱۷ دی ۱۳۵۶ از طرف رژیم حاکم این حرکت را سریعتر نمود و باعث انفجار خشم مردم در سراسر کشور شد و رژیم برای مهار کردن آتشفشان خشم مردم کوشید این قیام معترضانه را با به خاك و خون کشیدن خاموش کند اما این خود خون بیشتری در رگهای انقلاب جاری ساخت و طپشهای پي در پي انقلاب در هفتم‌ها و چهلم‌های یاد بود شهدای انقلاب، حیات و گرمی و جوشش یکپارچه‌و هر چه فزونتری به این نهضت در سراسر کشور بخشید و در ادامه و استمرار حرکت مردم تمامی سازمانهای کشور با اعتصاب یکپارچه خود و شرکت در تظاهرات خیابانی در سقوط رژیم استبدادی مشارکت فعالانه

이 위대한 계층이 항쟁에서 얼마나 중요하고도 결정적인 공헌을 했는지를 보여준다.

국민이 치른 대가

6만명 이상의 순교자와 10만명의 부상자와 장애자의 피를 먹고 수십억 리알(Rial)[11]에 달하는 물질적 손해를 남기며 일 년 이상 지속적이고 굽히지 않는 투쟁을 벌인 후에 혁명의 묘목은 "독립, 자유, 이슬람 정부"라는 환호성 속에

جستند. همبستگی گسترده مردان و زنان از همه اقشار و جناحهای مذهبی و سیاسی در این مبارزه به طرز چشمگیری تعیین کننده بود، و مخصوصاً زنان به شکل بارزی در تمامی صحنه های این جهاد بزرگ حضور فعال و گسترده ای داشتند، صحنه‌هایی از آن نوع که مادری را با کودکی در آغوش، شتابان به سوی میدان نبرد و لوله‌های مسلسل نشان می داد بیانگر سهم عمده و تعیین کننده این قشر بزرگ جامعه در مبارزه بود.

بهایی که ملت پرداخت

نهال انقلاب پس از یك سال و اندی مبارزه مستمر و پیگیر با باروری از خون بیش از شصت هزار شهید و صد هزار زخمی و معلول و با بر جای نهادن میلیاردها تومان خسارت مالی در میان فریادهای:

마침내 결실을 맺었다. 민감하고 중요한 시기에 신앙, 단결, 결단력 있는 지도력, 국민의 자기희생, 위대한 항쟁을 통해 이룬 위대한 항쟁은 승리를 쟁취하고 제국주의의 모든 계산, 관계, 기관을 흔드는 데 성공하였고, 전 세계 대중혁명의 새로운 장을 열었다.

1357년 바흐만(Bahman)월 21-22일은[12] 왕정의 근간과 이에 의존하던 국내 전제정치와 외국의 지배가 무너진 날이다. 이러한 위대한 승리와 함께 무슬림들이 오랫동안 갈망하였던 이슬람 정부가 최종 승리하였음을 선포하였다.

이란 국민은 한마음으로 마르자에 타끌리드(Marja-e Taqlid)[13], 이슬람법 전문가들, 지도자와 함께 이슬람공화국 국민투표에서 새로운 이슬람공화국 체제 설립을 위해 분명한 최종 결정을 내렸다. 유권자 98.2% 다수가 이슬람공화국 체제 건설에 찬성하였다.

이제 이란 이슬람공화국의 헌법은 기관 및 주체들과 사회의 정치 · 사회 · 문화 · 경제에 대한 대변인으로서 이슬람

«استقلال،آزادی، حکومت اسلامی» به ثمر نشست و این نهضت عظیم که با تکیه بر ایمان و وحدت و قاطعیت رهبری در مراحل حساس و هیجان آمیز نهضت و نیز فداکاری ملت به پیروزی رسید موفق به درهم کوبیدن تمام محاسبات و مناسبات و نهادهای امپریالیستی گردید که در نوع خود سرفصل جدیدی بر انقلابات گسترده مردمی در جهان شد.

۲۱ و ۲۲ بهمن سال یکهزار و سیصد و پنجاه و هفت روزهای فرو ریختن بنیاد شاهنشاهی شد و استبداد داخلی و سلطه خارجی متکی بر آن را در هم شکست و با این پیروزی بزرگ طلیعه حکومت اسلامی که خواست دیرینه مردم مسلمان بود نوید پیروزي نهایي را داد.

ملت ایران به طور یکپارچه و با شرکت مراجع تقلید و علمای اسلام و مقام رهبری در همه پرسی جمهوری اسلامی تصمیم نهایي و قاطع خود را بر

정부의 기반을 강화하고 이전의 사악한 체제의 폐허 위에 새로운 정부 체제 설립 계획을 제공하여야 한다.

이슬람의 정부 형태

이슬람의 관점에서 정부는 계급이나 어떤 개인 또는 단체의 지배에서 나오지 않는다. 반대로 정부는 같은 믿음과 사상을 지닌 국민의 정치적 이상의 결정체로 지적・이념적 발전 과정에서 궁극적인 목적(신을 향한 움직임)에 이르는 길을 가도록 반드시 잘 조직되어야 한다. 혁명적 발

ایجاد نظام نوین جمهوری اسلامی اعلام کرد و با اکثریت ۹۸/۲٪ به نظام جمهوری اسلامی رای مثبت داد.
اکنون قانون اساسی جمهوری اسلامی ایران به عنوان بیانگر نهادها و مناسبات سیاسی،اجتماعی، فرهنگی و اقتصادی جامعه باید راهگشای تحکیم پایه های حکومت اسلامی و ارائه دهنده طرح نوین نظام حکومتی بر ویرانه های نظام طاغوتی قبلی گردد.

شیوه حکومت در اسلام

حکومت از دیدگاه اسلام، برخاسته از موضع طبقاتی و سلطه گری فردی یا گروهی نیست بلکه تبلور آرمان سیاسی ملتی هم کیش و هم فکر است که به خود سازمان مدهد تا در روند تحول فکری و عقیدتی راه خود را به سوی هدف نهایی (حرکت

전의 흐름 속에서 우리 나라는 사악한 정권의 먼지와 녹, 외부의 불순사상을 씻어내고 이슬람 본연의 사상과 세계관의 자리로 돌아왔다. 이제 이슬람의 규준(規準)에 맞는 모범 사회(오스베)[14]를 건설하려고 한다. 이를 바탕으로 헌법의 소명은 항쟁의 이념을 구체화하고 모든 국민이 이슬람의 고귀하고 보편적인 가치를 교육받고 성장하는 환경을 만드는 것이다.

모든 피억압자가 억압자를 이긴 항쟁이었던 이란 이슬람 혁명의 내용에 주목하고 있는 헌법은 이러한 혁명을 국내 · 외에서 지속하면서, 구체적으로 여타 이슬람 항쟁과 대중과 상호 관계를 국제적으로 확장하여 단일하고 보편적인 공동체 건설 기반을 개척한다("진정 너희들의 공동체는 하나요, 나는 너희들의 주이니, 섬기라!").[15] 또한 박탈당한 자들과 억압받는 자들을 위한 해방투쟁을 계속하고자 노력한다.

이 위대한 항쟁의 본질에 주목하면서, 헌법은 지적 · 사회

به سوی الله) بگشاید. ملت ما در جریان تکامل انقلابی خود از غبارها و زنگارهای طاغوتی زدوده شد و از آمیزه های فکری بیگانه خود را پاك نمود و به مواضع فکری و جهان بینی اصیل اسلامی بازگشت اکنون بر آن است که با موازین اسلامی جامعه نمونه (اسوه) خود را بنا کند. بر چنین پایه ای، رسالت قانون اساسی این است که زمینه های اعتقادی نهضت را عینیت بخشد و شرایطی را به وجود آورد که در آن انسان با ارزشهای والا و جهانشمول اسلامی پرورش یابد.

قانون اساسی با توجه به محتوای اسلامی انقلاب ایران که حرکتی برای پیروزی تمامی مستضعفین بر مستکبرین بود زمینه تداوم این انقلاب را در داخل و خارج کشور فراهم می کند؛ به ویژه در گسترش روابط بین المللی، با دیگر جنبشهای اسلامی و مردمی می کوشد تا راه تشکیل امت واحد جهانی

적 전제정치와 경제적 독점을 거부하고 압제 체제를 완전히 깨뜨리고, 국민들의 운명을 국민들 자신에게 위탁하는 보증인이다("그들을 무거운 짐과 멍에에서 풀어주니.").[16] 이념적 관점을 바탕으로 사회의 기반인 정치 체제와 기구를 설립하면서 정의로운 자들이 국가를 통치하고 운영하는 책임을 진다("진정 올바른 나의 종들이 땅을 상속받으리니.").[17] 사회 운영의 규범을 보여주는 입법은 코란과 순나[18]에 바탕을 둔다. 공정하고 신실하며 헌신적인 이슬람학자(정의로운 법학자)의 진중하고 세심한 감독이 불가피하게 필요하다. 정부의 목적은 인간의 성장을 도와 신의 통치("그리고 신은 최후의 종착역.")[19]를 확립하고, 인간의 내적 능력이 개화하도록 기초를 놓아, 인간의 신적 측면이 드러날 수 있도록 하는 것이다("신의 윤리에 맞추어 살라!"). 이것은 사회 발전과정에서 사회의 모든 요소가 적극적으로 폭넓게 참여하지 않으면 불가능한 일이다.

이러한 방향에 주목하여, 헌법은 사회 모든 구성원이 정치

را هموار کند. (ان هذه امتکم امة واحدة وانا ربکم فاعبدون) و استمرار مبارزه در نجات ملل محروم و تحت ستم در تمامی جهان قوام یابد.
با توجه به ماهیت این نهضت بزرگ، قانون اساسی تضمینگر نفی هر گونه استبداد فکری و اجتماعی و انحصار اقتصادی می باشد و در خط گسستن از سیستم استبدادی، و سپردن سرنوشت مردم به دست خودشان تلاش می کند. (ویضع عنهم اصرهم والاغلال التی کانت علیهم).
در ایجاد نهادها و بنیادهای سیاسی که خود پایه تشکیل جامعه است بر اساس تلقی مکتبی، صالحان عهده دار حکومت و اداره مملکت می گردند. (ان الارض یرثها عبادی الصالحون) و قانون گذاری که مبین ضابطه های مدیریت اجتماعی است بر مدار قرآن و سنت، جریان می یابد. بنابراین نظارت دقیق و جدی از ناحیه اسلام شناسان عادل و پرهیزگار

적 결정 및 자신들의 운명을 형성하는 모든 단계에 참여하도록 한다. 이는 각 개인이 인간 발전 과정에서 성장, 상승, 지도력 발휘과정에 책임감 있게 참여하도록 하기 위함이다. 이것이 바로 지상에 피억압자의 정부를 실현하는 것이다("우리는 지상에서 억압받는 자들에게 호의를 베풀어 그들을 지도자요 상속자로 만들고자 하나니.").[20]

و متعهد (فقای عادل) امری محتوم و ضروری است و چون هدف از حکومت، رشد دادن انسان در حرکت به سوی نظام الهی است (والىالله المصير) تا زمینه بروز و شکوفایی استعدادها به منظور تجلی ابعاد خدا گونگی انسان فراهم آید (تخلقوا باخلاق الله) و این جز در گرو مشارکت فعال و گسترده تمامی عناصر اجتماع در روند تحول جامعه نمتواند باشد.

با توجه به این جهت، قانون اساسی زمینه چنین مشارکتی را در تمام مراحل تصمیمگیریهای سیاسی و سرنوشتساز برای همه افراد اجتماع فراهم مسازد تا در مسیر تکامل انسان هر فردی خود دست اندرکار و مسئول رشد و ارتقاء و رهبری گردد که این همان تحقق حکومت مستضعفین در زمین خواهد بود. (و نرید ان نمن علىالذین استضعفوا فی الارض و نجعلهم ائمة و نجعلهم الوارثین).

이슬람법 전문가의 통치

이맘의 권위와 지속적인 인도(引導)[21]를 바탕으로 헌법은 여러 기관이 진정한 이슬람적 의무에서 벗어나지 않도록 사람들이 지도자로 인정하고 모든 자격을 갖춘 이슬람법 전문가가 지도력을 실현할 수 있는 토대를 갖추어야 한다(통치권은 신이 허용하신 것과 금지하신 것에 정통한 신심 깊은 이슬람법 전문가들에게 있다).

경제는 목적이 아니라 수단

경제적 기반 강화 원칙은 인간의 성장과 발전 과정에서 인간의 필요를 충족하는 것이다. 이는 부를 집중하고 배가하고 이익을 추구하는 다른 경제체제와는 다르다. 물질을 중시하는 사상학파에서 경제는 목적이기 때문에 성장 과정에서 경제는 파괴와 타락의 도구가 되었다. 그러나 이슬람

ولایت فقیه

بر اساس ولایت امر و امامت مستمر، قانون اساسی زمینه تحقق رهبری فقیه جامع الشرایطی را که از طرف مردم به عنوان رهبر شناخته می شود (مجاری الامور، بیدالعلماء بالله الامناء علی حلاله و حرامه) آماده می کند تا ضامن عدم انحراف سازمانهای مختلف از وظایف اصیل اسلامی خود باشند.

اقتصاد وسیله است نه هدف

در تحکیم بنیادهای اقتصادی، اصل، رفع نیازهای انسان در جریان رشد و تکامل اوست نه همچون دیگر نظامهای اقتصادی تمرکز و تکاثر ثروت و سودجویی، زیرا که در مکاتب مادی، اقتصاد خود هدف است و بدین جهت در مراحل رشد، اقتصاد

에서 경제는 수단이다. 이러한 수단은 궁극적인 목적을 달성하기 위한 효과적인 요인일 뿐이다.
이러한 관점에서 이슬람 경제 계획은 인간의 다양한 창조성을 발현하기 위한 기반을 제공하는 것이다. 모두에게 동등하고 적절한 취업기회를 제공하고 발전을 지속할 수 있도록 필요를 충족하는 것이 이슬람 정부의 책임이다.

헌법 속의 여성

이슬람적 사회기반을 구축하면서 다방면에서 외국 식민주의에 착취당하던 인력이 원래의 정체성과 인권을 되찾았다. 사악한 정권 아래에서 더 많은 억압을 받은 여성이 이러한 (권리) 회복 시기에 더 큰 권리를 부여받는 것은 당연

عامل تخریب و فساد و تباهی مشود؛ ولی در اسلام اقتصاد وسیله است و از وسیله انتظاری جز کارائی بهتر در راه وصول به هدف نمتوان داشت.
با این دیدگاه برنامه اقتصادی اسلامی فراهم کردن زمینه مناسب برای بروز خلاقیتهای متفاوت انسانی است و بدین جهت تأمین امکانات مساوی و متناسب و ایجاد کار برای همه افراد و رفع نیازهای ضروری جهت استمرار حرکت تکاملی او بر عهده حکومت اسلامی است.

زن در قانون اساسی

در ایجاد بنیادهای اجتماعی اسلامی، نیروهای انسانی که تاکنون در خدمت استثمار همه جانبه خارجی بودند هویت اصلی و حقوق انسانی خود را باز می یابند و در این بازیابی طبیعی است که زنان

하다. 가족은 사회의 기본단위이고 인간의 성장과 존엄의 핵심이다. 인간의 개발과 발전 과정에서 본질적인 토대가 되는 가족을 구성할 때 믿음과 이상의 조화는 근본적인 원칙이다. 이러한 목적을 위한 기회를 제공하는 것은 이슬람 정부의 의무 중 하나다. 가족 단위에 대한 이러한 관점에 합치하여, 여성은 소비주의의 확산과 착취의 '대상'과 '도구'의 상태에서 벗어나게 되었다. 또한 여성은 신념있는 인간을 양육하는 모성의 고귀하고 엄숙한 의무를 되찾음과 동시에, 인생의 활동적인 영역에서 남성들의 동반자가 될 것이다. 그 결과, 여성은 더욱 중대한 책임감을 얻게 될 것이고, 이슬람의 관점에서 높은 가치와 존엄성을 영유하게 될 것이다.

به دلیل ستم بیشتری که تاکنون از نظام طاغوتی متحمل شده اند استیفای حقوق آنان بیشتر خواهد بود. خانواده واحد بنیادین جامعه و کانون اصلی رشد و تعالی انسان است و توافق عقیدتی و آرمانی در تشکیل خانواده که زمینه ساز اصلی حرکت تکاملی و رشد یابنده انسان است اصل اساسی بوده و فراهم کردن امکانات جهت نیل به این مقصود از وظایف حکومت اسلامی است. زن در چنین برداشتی از واحد خانواده، از حالت (شيء بودن) و یا (ابزار کار بودن) در خدمت اشاعه مصرف زدگی و استثمار، خارج شده و ضمن بازیافتن وظیفه خطیر و پر ارج مادری در پرورش انسانهای مکتبی پیش آهنگ خود همرزم مردان در میدانهای فعال حیات می باشد و در نتیجه پذیرای مسؤولیتی خطیرتر و در دیدگاه اسلامی برخوردار از ارزش و کرامتی والاتر خواهد بود.

사상적 군대

국가를 방어하는 군대를 만들어 무장할 때 신앙과 사상이 근본과 규범이라는 점에 주목한다. 그러므로 이슬람공화국 군대와 혁명수비대는 위에 언급한 목적에 맞게 창설된다. 국경 방어뿐 아니라 신의 길에서 투쟁하고, 신의 법에 따른 통치를 확장하는 길에서 투쟁하는 것 같은 사상적 임무도 지닌다("너희들이 지닌 모든 힘을 다해, 전투마도 이용하여 맞서서 신의 적, 너희의 적, 너희들은 알지 못하나 신은 아시는 적, 그들의 마음에 공포를 심어주어라.").[22]

헌법 속의 사법부

사법부는 이슬람 항쟁의 선상에서 국민의 권리를 수호하

ارتش مکتبی

در تشکیل و تجهیز نیروهای دفاعی کشور توجه بر آن است که ایمان و مکتب، اساس و ضابطه باشد، بدین جهت ارتش جمهوری اسلامی و سپاه پاسداران انقلاب در انطباق با هدف فوق شکل داده می شوند و نه تنها حفظ و حراست از مرزها بلکه با رسالت مکتبی یعنی جهاد در راه خدا و مبارزه در راه گسترش حاکمیت قانون خدا در جهان را نیز عهده دار خواهند بود (و اعدوا لهم مااستطعتم من قوة و من رباط الخیل ترهبون به عدوالله وعدوکم و آخرین من دونهم).

قضا در قانون اساسی

مساله قضا در رابطه با پاسداری از حقوق مردم

고 이슬람공동체 내 사상적 일탈을 방지하는 데 중요한 역할을 한다. 따라서 이슬람 정의에 입각하고, 정확한 종교지식을 갖춘 공정한 판사로 구성된 사법체제를 만들어야 한다. 사법부는 본질적 민감성과 사상적 정확성을 유지해야 하기 때문에 어느 누구와도 불건전한 관계나 연계를 피해야 한다("너희들이 사람들을 판단할 때 공정하게 판단하라.").[23]

행정부

행정부는 사회에 정의로운 관계를 정착시키는 것을 목표로 이슬람 법과 규정을 집행해야 하는 중요한 역할을 맡는다. 삶의 궁극적 목표를 향한 토대를 구축하는데 필수적인 이슬람 법과 규정을 적절히 집행하여 이슬람 사회 건립을 인도해야 한다. 그러므로 이러한 목적 달성을 방해하는 복

در خط حرکت اسلامی، به منظور پیشگیری از انحرافات موضعی در درون امت اسلامی امری است حیاتی ، از این رو ایجاد سیستم قضایی بر پایه عدل اسلامی و متشکل از قضات عادل و آشنا به ضوابط دقیق دینی پیش بینی شده است؛ این نظام به دلیل حساسیت بنیادی و دقت در مکتبی بودن آن لازم است به دور از هر نوع رابطه و مناسبات ناسالم باشد. (و اذا حکمتم بین الناس ان تحکموا بالعدل).

قوه مجریه

قوه مجریه به دلیل اهمیت ویژه ای که در رابطه با اجرای احکام و مقررات اسلامی به منظور رسیدن به روابط و مناسبات عادلانه حاکم بر جامعه دارد و همچنین ضرورتی که این مساله حیاتی در زمینه سازی وصول به هدف نهایی حیات خواهد داشت

잡한 관료체제는 이슬람의 관점에서 거부한다. 사탄 통치의 과정이자 전제정치의 산물인 관료주의를 강력히 거부하고, 행정업무 수행을 위하여 더 신속하고 능률적인 행정체제를 만들어야 한다.

대중매체

대중매체(라디오와 텔레비전)는 이슬람혁명의 발전 과정에서 이슬람 문화를 유포하는 데 사용되어야 한다. 이를 위해 서로 다른 사상들간의 건전한 논쟁을 통해 유익함을 얻고, 파괴적이고 반이슬람적인 특성의 발표와 보급은 금한다. 인간의 자유와 존엄을 주 목표로 삼고 인간의 발전

بایستی راهگشای ایجاد جامعه اسلامی باشد. نتیجتاً محصور شدن در هر نوع نظام دست و پا گیر پیچیده که وصول به این هدف را کُند و یا خدشه دار کند از دیدگاه اسلامی نفی خواهد شد. بدین جهت نظام بوروکراسی که زائیده و حاصل حاکمیتهای طاغوتی است به شدت طرد خواهد شد تا نظام اجرایی با کارایی بیشتر و سرعت افزونتر در اجرای تعهدات اداری به وجود آید.

وسایل ارتباط جمعی

وسایل ارتباط جمعی (رادیو – تلویزیون) بایستی در جهت روند تکاملی انقلاب اسلامی در خدمت اشاعه فرهنگ اسلامی قرار گیرد و در این زمینه از برخورد سالم اندیشه‌های متفاوت بهره جوید و از اشاعه و ترویج خصلتهای تخریبی و ضد اسلامی جداً پرهیز کند.

과 완성의 길을 여는 이 법의 조항을 지키는 것은 모두의 의무다. 무슬림공동체가 유능하고 신실한 공직자를 선출하고 그들의 업무를 지속적으로 감독하면서, 이슬람 사회 건설에 능동적으로 참여하는 것이 필요하다. 그러한 참여가 성공적으로 세상 사람들에게 모범과 증거가 될 이상적인 이슬람 사회(오스베)를 만들 것이다("우리는 너희들을 정의로운 공동체로 만들었으니, 너희들은 사람들의 증인이 되리라."). [24]

대표

국민 대표로 구성된 최고지도자전문가의회는 정부가 제안한 초안과 사회 각계로부터 수렴한 제안을 바탕으로 이슬람 해방사상의 창시자인 가장 고귀한 예언자(신의 축복이 그분과 그분의 집안에 깃들길)가 이주한 이후 15번째 세기

پیروی از اصول چنین قانونی که آزادی و کرامت ابناء بشر را سرلوحه اهداف خود دانسته و راه رشد و تکامل انسان را می گشاید بر عهده همگان است و لازم است که امت مسلمان با انتخاب مسئولین کاردان و مؤمن و نظارت مستمر بر کار آنان به طور فعالانه در ساختن جامعه اسلامی مشارکت جویند به امید اینکه در بنای جامعه نمونه اسلامی (اسوه) که بتواند الگو و شهیدی بر همگی مردم جهان باشد موفق گردد. (و کذالك جعلنا امة وسطاً لتکونوا شهداء علی الناس).

نمایندگان

مجلس خبرگان متشکل از نمایندگان مردم، کار تدوین قانون اساسی را بر اساس بررسی پیشنویس پیشنهادی دولت و کلیه پیشنهادهایی که از گروههای مختلف مردم رسیده بود در دوازده فصل

의 여명에, 위에서 언급한 목적과 동기를 지니고, 이번 세기가 억압받는 사람들을 위한 세계 정부가 들어서고, 억압하는 이들이 모두 패배하는 세기가 되길 바라면서 12장 175조[25]의 헌법을 완성하였다.

که مشتمل بر یکصد و هفتاد و پنج اصل می باشد
در طلیعه پانزدهمین قرن هجرت پیغمبر اکرم صلی
الله علیه و آله و سلم، بنیانگذار مکتب رهایی بخش
اسلام با اهداف و انگیزه های مشروح فوق به پایان
رساند، به این امید که این قرن، قرن حکومت جهانی
مستضعفین و شکست تمامی مستکبرین گردد

제1장
총론

제1조

이란은 이슬람공화국이다. 진리의 통치와 코란의 정의를 깊이 믿으면서 대아야톨라 이맘 호메이니의 고귀한 지도 아래 이슬람혁명이 성공한 후 이슬람양력 1358년 파르바르딘(Farvardin)월 10일과 11일(이슬람음력 1399년 주마다 알아발리[26]월 1일과 2일에 해당)에 실시한 국민투표에서 유권자 98.2%의 찬성으로 이란 이슬람공화국이 수립되었다.

فصل اول:
اصول کلی

اصل اول:
حکومت ایران جمهوری اسلامی است که ملت ایران، بر اساس اعتقاد دیرینه اش به حکومت حق و عدل قرآن، در پی انقلاب اسلامی پیروزمند خود به رهبری مرجع عالیقدر تقلید آیت الله العظمی امام خمینی، در همه پرسی دهم و یازدهم فروردین ماه یکهزار و سیصد و پنجاه و هشت هجری شمسی برابر با اول و دوم جمادی الاولی سال یکهزار و سیصد و نود و نه هجری قمری با اکثریت ۹۸/۲٪ کلیه کسانی که حق رای داشتند، به آن رای مثبت داد.

제2조

이슬람공화국은 다음과 같은 믿음으로 이루어진 정부체제다.

1. 유일신(유일신 외에 다른 신은 없다)[27]과 신의 통치, 신의 입법권, 신의 명령에 복종.
2. 신의 계시, 그리고 신의 계시가 입법 시 근본적인 역할을 한다는 것.
3. 부활, 그리고 인간이 신을 향해 진화할 때 부활이 하는 건설적인 역할.
4. 창조하고 법을 만들 때 신이 정의롭다는 것.
5. 견고한 이맘(Imam)직과 지도력, 그리고 그것이 이슬람혁명을 지속하는데 근본적인 역할을 한다는 것.
6. 인간의 존엄성과 가치, 인간이 신 앞에 진 책임과 함께 지닌 자유. 이는 다음을 통해 이루어진다.

   (1) 경전과 흠 없는 이들(신의 평화가 깃들길)[28]의 전통에 기초하여 필요한 자격을 지닌 이슬람법 전문가

اصل دوم:
جمهور اسلامی، نظامی است بر پایه ایمان به:
۱- خدای یکتا (لااله الاالله) و اختصاص حاکمیت و تشریع به او و لزوم تسلیم در برابر امر او.
۲ - وحی الهی و نقش بنیادی آن در بیان قوانین.
۳ - معاد و نقش سازنده آن در سیر تکاملی انسان به سوی خدا.
۴ - عدل خدا در خلقت و تشریع.
۵ - امامت و رهبری مستمر و نقش اساسی آن در تداوم انقلاب اسلام.
۶ - کرامت و ارزش والای انسان و آزادی توام با مسئولیت او در برابر خدا، که از راه:
الف - اجتهاد مستمر فقهای جامع الشرایط بر اساس کتاب و سنت معصومین سلام الله علیهم اجمعین، ب - استفاده از علوم و فنون و تجارب

들의 끊임없는 법해석(이즈티하드).[29]

(2) 과학, 기술, 인류의 발전 경험 활용 및 이들을 더 발전시키기 위한 노력.

(3) 모든 형태의 억압, 권위주의, 지배, 지배수용을 부정하는 것은 정의, 정치적 · 경제적 · 사회적 · 문화적 독립, 국가통합을 보장한다.

제3조

이란 이슬람공화국 정부는 제2조에서 언급한 목표를 달성하기 위하여 아래 제시한 임무에 가능한 모든 수단을 동원한다.

1. 믿음, 경건, 모든 형태의 부패와 타락에 대항하는 투쟁을 바탕으로 한 윤리적 가치의 발전을 위하여 적절한 환경을 조성함.

2. 출판, 대중매체, 기타 수단을 선용하여 모든 분야에서 대중의 의식을 고양함.

پیشرفته بشری و تلاش در پیشبرد آنها،
ج - نفی هر گونه ستمگری و ستم کشی و سلطه گری و سلطه پذیری، قسط و عدل و استقلال سیاسی و اقتصادی و اجتماعی و فرهنگی و همبستگی ملی را تأمین می کند.

اصل سوم:
دولت جمهور اسلامی ایران موظف است برای نیل به اهداف مذکور در اصل دوم، همه امکانات خود را برای امور زیر به کار برد:
۱ - ایجاد محیط مساعد برای رشد فضایل اخلاقی بر اساس ایمان و تقوی و مبارزه با کلیه مظاهر فساد و تباهی.
۲ - بالا بردن سطح آگاهی های عمومی در همه زمینه ها با استفاده صحیح از مطبوعات و رسانه

3. 모든 사람을 위해서 모든 단계의 교육과 체력양성을 무상으로 실시하고, 고등교육을 용이하게 하고 확장함.

4. 연구소를 건립하고 연구자들을 격려하여 과학, 기술, 문화, 이슬람 모든 분야의 연구, 혁신, 창조의 정신을 강화함.

5. 식민주의를 철저히 거부하고 외국의 영향력을 차단함.

6. 모든 종류의 폭정, 독재, 권력독점을 근절함.

7. 법의 테두리 안에서 정치적 · 사회적 자유를 보장함.

8. 정치적 · 경제적 · 사회적 · 문화적 운명 결정에 일반대중이 참여함.

9. 부당한(불공정한) 형태의 모든 차별을 제거하고, 정신과 물질 양 측면에서 정당한 기회를 모두에게 제공함.

10. 바른 행정체제를 건설하고 불필요한 조직을 폐지함.

های گروهی و وسایل دیگر.
۳ - آموزش و پرورش و تربیت بدنی رایگان برای همه در تمام سطوح، و تسهیل و تعمیم آموزش عالی.
۴ - تقویت روح بررسی و تتبع و ابتکار در تمام زمینه های علمی، فنی، فرهنگی و اسلامی از طریق تأسیس مراکز تحقیق و تشویق محققان.
۵ - طرد کامل استعمار و جلوگیری از نفوذ اجانب.
۶ - محو هر گونه استبداد و خودکامگی و انحصارطلبی.
۷ - تأمین آزادیهای سیاسی و اجتماعی در حدود قانون.
۸ - مشارکت عامه مردم در تعیین سرنوشت سیاسی، اقتصادی، اجتماعی و فرهنگی خویش.
۹ - رفع تبعیضات ناروا و ایجاد امکانات عادلانه

11. 국가의 독립, 영토보전, 이슬람체제 수호를 위해 보편적인 군사훈련을 실시하여 국방을 완전하게 강화함.
12. 부를 창조하고 빈곤을 퇴치하기 위하여 이슬람적 방식에 따라 올바르고 공정한 경제체제를 계획하고, 영양, 주택, 노동, 보건, 사회보장과 관련하여 모든 형태의 부패를 일소함.
13. 과학, 기술, 산업, 농업, 군사 및 그 외 기타 분야에서 자급자족력을 확보함.
14. 남녀 모두가 모든 형태의 권리를 누리도록 보장하고, 만인이 법 앞에 평등하다는 것을 확고히 하기 위하여 모두를 법적으로 보호함.
15. 모든 국민들간 이슬람적 형제애와 보편적인 협력을 함양하고 강화함.
16. 이슬람 표준, 무슬림 형제애, 전 세계 가난한 자들을 향한 아낌없는 지원을 바탕으로 한 외교정책을 수립함.

برای همه، در تمام زمینه های مادی و معنوی.
۱۰ - ایجاد نظام اداری صحیح و حذف تشکیلات غیر ضرور.
۱۱ - تقویت کامل بنیه دفاع ملی از طریق آموزش نظامی عمومی برای حفظ استقلال و تمامیت ارضی و نظام اسلامی کشور.
۱۲ - پی ریزی اقتصادی صحیح و عادلانه بر طبق ضوابط اسلامی جهت ایجاد رفاه و رفع فقر و برطرف ساختن هر نوع محرومیت در زمینه های تغذیه و مسکن و کار و بهداشت و تعمیم بیمه.
۱۳ - تأمین خودکفایي در علوم و فنون و صنعت و کشاورزی و امور نظامی و مانند اینها.
۱۴ - تأمین حقوق همه جانبه افراد از زن و مرد و ایجاد امنیت قضايي عادلانه برای همه و تساوی عموم در برابر قانون.
۱۵ - توسعه و تحکیم برادری اسلامی و تعاون

제4조

모든 민사, 형사, 금융, 경제, 행정, 문화, 군사, 정치 및 기타 법령은 이슬람의 규준에 기초해야 한다. 이러한 원칙은 헌법 전 조항과 모든 법령에 적용되고, 위 헌법과 법령이 이슬람의 규준과 합치하는지 여부는 헌법수호위원회의 이슬람법 전문가들이 판단한다.

제5조

시대의 주 - "지고하신 신이시여, 그의 출현을 서둘러주시옵소서!"[30] - 부재(不在)[31]시, 헌법 107조에 따라 이란 이슬

عمومی بین همه مردم.
۱۶ - تنظیم سیاست خارجی کشور بر اساس معیارهای اسلام، تعهد برادرانه نسبت به همه مسلمانان و حمایت بی دریغ از مستضعفان جهان.

اصل چهارم:
کلیه قوانین و مقررات مدنی، جزایی، مالی، اقتصادی، اداری، فرهنگی، نظامی، سیاسی و غیر اینها باید بر اساس موازین اسلامی باشد. این اصل بر اطلاق یا عموم همه اصول قانون اساسی و قوانین و مقررات دیگر حاکم است و تشخیص این امر بر عهده فقهای شورای نگهبان است.

اصل پنجم:
در زمان غیبت حضرت ولی عصر «عجل الله تعالی فرجه» در جمهوری اسلامی ایران ولایت امر و

람공화국에서 이맘의 권위와 인도[32]의 책임은 정의롭고, 경건하고, 시대를 잘 알고, 용감하며, 행정가인 이슬람법 전문가가 진다.

제6조

이란 이슬람공화국에서는 선거를 통해 표현된 국민 여론을 바탕으로 국정을 운영해야 한다. 선거에는 대통령 선거, 이슬람의회 의원 선거, 위원회 위원 선거 및 기타 기관 선거, 혹은 이 헌법의 다른 조항에 규정된 국민투표가 있다.

제7조

"그들의 일은 서로 협의"[33]하고 "일 처리에서 서로 협의"[34] 하라는 고귀한 코란의 말씀에 따라 이슬람의회, 주의회, 시의회, 지역의회, 구역의회, 마을의회 등 모든 의회는 국

امامت امت بر عهده فقیه عادل و با تقوی، آگاه به زمان، شجاع، مدیر و مدبر است که طبق اصل یکصد و هفتم عهده دار آن می گردد.

اصل ششم:
در جمهوری اسلامی ایران امور کشور باید به اتکاء آراء عمومی اداره شود از راه انتخابات: انتخاب رئیس جمهور، نمایندگان مجلس شورای اسلامی، اعضاءی شوراها و نظایر اینها، یا از راه همه پرسی در مواردی که در اصول دیگر این قانون معین می گردد.

اصل هفتم:
طبق دستور قرآن کریم: «و امرهم شوری بینهم» و «شاورهم فی الامر» شوراها، مجلس شورای اسلامی، شورای استان، شهرستان، شهر، محل، بخش، روستا

가의 의사 결정기관이자 행정기관이다. 각 의회의 설립, 관할, 권한과 의무는 헌법과 법률에 의한다.

제8조

이란 이슬람공화국에서 선한 일을 하도록 초대하고, 바른 일을 권하고 악을 금하는 것은 국민 상호간, 정부와 국민 상호간, 국민과 정부 상호간 보편적인 책임이다. 이러한 관계의 조건, 경계, 성격은 법률로 규정한다. "믿는 자들 남녀 모두 서로를 보호하나니, 선을 행하고 악을 금하노라."[35]

제9조

이란 이슬람공화국에서 국가의 자유, 독립, 통합, 영토보

و نظایر اینها از ارکان تصمیم گیری و اداره امور کشورند. موارد، طرز تشکیل و حدود اختیارات و وظایف شوراها را این قانون و قوانین ناشی از آن معین می کند.

اصل هشتم:
در جمهوری اسلامی ایران دعوت به خیر، امر به معروف و نهی از منکر وظیفه ای است همگانی و متقابل بر عهده مردم نسبت به یکدیگر، دولت نسبت به مردم و مردم نسبت به دولت. شرایط و حدود و کیفیت آن را قانون معین می کند. «والمؤمنون و المؤمنات بعضهم اولیاء بعض یأمرون بالمعروف و ینهون عن المنکر».

اصل نهم:
در جمهوری اسلامی ایران آزادی و استقلال و

전은 서로 불가분의 관계다. 이를 지키는 것은 정부와 국민 개개인의 책임이다. 어떠한 개인, 단체, 또는 권력도 자유를 행사한다는 이유로 이란의 정치적 · 문화적 · 경제적 · 군사적 독립과 영토를 해할 권리를 지니지 못한다. 어떠한 권력도 국가의 독립과 주권을 수호한다는 명목 아래 법령을 만들어 합법적인 자유를 빼앗아갈 수는 없다.

제10조

가족은 이슬람 사회의 기본적인 단위다. 따라서 모든 법령과 이에 상응하는 정책은 이슬람법과 윤리에 따라 가족구성을 용이하게 하고 가족의 신성성을 보호하며 가족 관계를 유지하는 방향으로 입안되고 시행되어야 한다.

وحدت و تمامیت اراضی کشور از یکدیگر تفکیک ناپذیرند و حفظ آنها وظیفه دولت و آحاد ملت است. هیچ فرد یا گروه یا مقامی حق ندارد به نام استفاده از آزادی، به استقلال سیاسی، فرهنگی، اقتصادی، نظامی و تمامیت ارضی ایران کمترین خدشه ای وارد کند و هیچ مقامی حق ندارد به نام حفظ استقلال و تمامیت ارضی کشور آزادیهای مشروع را، هر چند با وضع قوانین و مقررات، سلب کند.

اصل دهم:
از آنجا که خانواده واحد بنیادی جامعه اسلامی است، همه قوانین و مقررات و برنامه ریزیهای مربوط باید در جهت آسان کردن تشکیل خانواده، پاسداری از قداست آن و استواری روابط خانوادگی بر پایه حقوق و اخلاق اسلامی باشد.

제11조

고귀한 계시에 따르면, "너희들의 이 공동체는 하나요, 나는 너희들의 주니, 나를 경배하라."[36] 모든 무슬림은 하나의 공동체이고, 이란 이슬람공화국 정부는 이슬람 국가를 통합하고 단결하도록 하는 것을 정책의 바탕으로 삼아야 한다. 무슬림 세계의 정치적 · 경제적 · 문화적 단일성을 성취하기 위하여 끊임없이 노력해야만 한다.

제12조

이란의 공식 종교는 이슬람과 12이맘파 시아 자으파리 법학파다. 이 원칙은 영원히 변하지 않는다. 하나피, 샤피이, 말리키, 한발리, 자이디 등 다른 법학파도 존중하고, 이들 법학파를 따르는 사람들은 자신들이 속한 법학파의 종교법에 따라 자유롭게 종교의례를 행하고, 종교교육을 받으며, 개인적 문제(혼인, 이혼, 상속, 유산)를 해결한다. 이와 관련된 분쟁은 법원에서 해결한다. 이들 법학파를 따르는

اصل یازدهم:
به حکم آیه کریمه «ان هذه امتکم امة واحده و انا ربکم فاعبدون» همه مسلمانان یك امت اند و دولت جمهوری اسلامی ایران موظف است سیاست کلی خود را بر پایه ائتلاف و اتحاد ملل اسلامی قرار دهد و کوشش پیگیر به عمل آورد تا وحدت سیاسی، اقتصادی و فرهنگی جهان اسلام را تحقق بخشد.

اصل دوازدهم:
دین رسمی ایران، اسلام و مذهب جعفری اثنی عشری است و این اصل الی الابد غیر قابل تغییر است و مذاهب دیگر اسلامی اعم از حنفی، شافعی، مالکی، حنبلی و زیدی دارای احترام کامل می باشند و پیروان این مذاهب در انجام مراسم مذهبی، طبق فقه خودشان آزادند و در تعلیم و تربیت دینی و احوال شخصیه (ازدواج، طلاق، ارث و وصیت) و دعاوی مربوط

사람들이 다수인 지역에서는 의회의 권한 내에서 지역 법률이 해당 법학파에 따라 정해지는데, 이때 다른 법학파를 따르는 사람들의 권리를 보호한다.

제13조

조로아스터교, 유대교, 그리스도교 이란인만 소수종교인으로 인정한다. 그들은 법의 테두리 내에서 종교의례를 자유롭게 행하고, 자신들의 종교에 따라 개인적 문제를 해결하고, 종교교육을 받는다.

제14조

고귀한 계시에 따르면 "신은 신앙을 문제 삼아 싸우지 않는 자들과 함께 하는 것을 금지하지 않으시고, 그런 자들을 친절하고도 바르게 대한다고 집에서 쫓아내지도 않으

به آن در دادگاه ها رسمیت دارند و در هر منطقه ای که پیروان هر یك از این مذاهب اکثریت داشته باشند، مقررات محلی در حدود اختیارات شوراها بر طبق آن مذهب خواهد بود، با حفظ حقوق پیروان سایر مذاهب.

اصل سیزدهم:
ایرانیان زرتشتی، کلیمی و مسیحی تنها اقلیتهای دینی شناخته می شوند که در حدود قانون در انجام مراسم دینی خود آزادند و در احوال شخصیه و تعلیمات دینی بر طبق آیین خود عمل میکنند.

اصل چهاردهم:
به حکم آیه شریفه «لاینهاکم الله عن الدین لم یقاتلوکم فی الدین و لم یخرجوکم من دیارکم ان تبروهم و تقسطوا الیهم ان الله یحب المقسطین» دولت

시니라. 진정 신은 정의로운 자들을 사랑하신다."[37] 이란 이슬람공화국 정부와 무슬림은 비무슬림 개개인을 바르고 공평하고 이슬람의 정의로 대하고, 이들의 인권을 보호하여야 한다. 이러한 원칙은 이슬람과 이란 이슬람공화국에 반하는 음모를 꾸미고 대적하는 행위를 하지 않는 사람들에게 적용된다.

جمهوری اسلامی ایران و مسلمانان موظفند نسبت به افراد غیر مسلمان با اخلاق حسنه و قسط و عدل اسلامی عمل نمایند و حقوق انسانی آنان را رعایت کنند. این اصل در حق کسانی اعتبار دارد که بر ضد اسلام و جمهوری اسلامی ایران توطئه و اقدام نکنند.

제2장
언어, 문자, 역법, 국기

제15조

이란인의 공식적이고 통상적인 언어와 문자는 페르시아어이다. 서류, 편지, 공식문서, 교과서는 모두 이 언어와 문자를 사용하여야 한다. 그러나 지역과 소수민족의 언어를 페르시아어와 함께 출판, 언론, 학교에서 그들의 문학을 가르칠 때 사용하는 것은 자유롭게 허용된다.

제16조

아랍어는 코란과 이슬람 학문 및 교육의 언어이고, 페르시아어가 아랍어와 밀접하게 연관되어 있기 때문에 초등교육 이후 모든 고등교육이 끝날 때까지 모든 수업과 모든

فصل دوم:
زبان، خط، تاریخ و پرچم رسمی کشور

اصل پانزدهم:
زبان و خط رسمی و مشترك مردم ایران فارسی است. اسناد و مکاتبات و متون رسمی و کتب درسی باید با این زبان و خط باشد ولی استفاده از زبانهای محلی و قومی در مطبوعات و رسانه های گروهی و تدریس ادبیات آنها در مدارس، در کنار زبان فارسی آزاد است.

اصل شانزدهم:
از آنجا که زبان قرآن و علوم و معارف اسلامی عربی است و ادبیات فارسی کاملا با آن آمیخته است این زبان باید پس از دوره ابتدایی تا پایان دوره متوسطه

분야에서 가르쳐야 한다.

第17조

국가의 공식 역법의 원천은 이슬람의 예언자(신께서 그와 그의 집안 사람들에게 평화를 내리시길)의 헤즈라다.[38] 태양력 헤즈라와 태음력 헤즈라 모두 유효하나 정부기관은 태양력 헤즈라를 사용한다. 한 주의 공식 휴일은 금요일이다.

第18조

이란의 공식 국기는 녹색, 흰색, 빨간색으로 되어있고, 이란 이슬람공화국의 특별문장(紋章)과 "알라후 아크바르"라는 구호가 쓰여있다.[39]

در همه کلاسها و در همه رشته ها تدریس شود.

اصل هفدهم:
مبدأ تاریخ رسمی کشور هجرت پیامبر اسلام (صلی الله علیه و آله و سلم) است و تاریخ هجری شمسی و هجری قمری هر دو معتبر است، اما مبنای کار ادارات دولتی هجری شمسی است. تعطیل رسمی هفتگی روز جمعه است.

اصل هجدهم:
پرچم رسمی ایران به رنگهای سبز و سفید و سرخ با علامت مخصوص جمهوری اسلامی و شعار «الله اکبر» است.

제3장
국가의 권리

제19조

어느 부족이나 씨족 출신이건 간에 이란 국민은 평등한 권리를 누리고 피부색, 인종, 언어, 기타 이와같은 사항은 특권이 될 수 없다.

제20조

남녀 국민은 모두 동등하게 법의 보호를 받고 이슬람의 규준과 합치하는 모든 인권, 정치적 · 경제적 · 사회적 · 문화적 권리를 누린다.

فصل سوم:
حقوق ملت

اصل نوزدهم:
مردم ایران از هر قوم و قبیله که باشند از حقوق مساوی برخوردارند و رنگ، نژاد، زبان و مانند اینها سبب امتیاز نخواهد بود.

اصل بیستم:
همه افراد ملت اعم از زن و مرد یکسان در حمایت قانون قرار دارند و از همه حقوق انسانی، سیاسی، اقتصادی، اجتماعی و فرهنگی با رعایت موازین اسلام برخوردارند.

제21조

정부는 이슬람의 규준에 따라 모든 면에서 여성의 권리를 보장하고 다음 사항을 실행하여야 한다.

1. 여성의 개인 발전에 적합한 환경 조성과 여성의 물질적 · 정신적 권리 회복.
2. 임신과 육아 중인 어머니 및 보호자 없는 아동 특별 보호.
3. 가족 보전(保全)과 지속을 위한 관할법원 설립.
4. 과부, 연로한 여성, 보호자 없는 여성을 위한 특별 보험 제정.
5. 아동의 이익에 부합하고 법률상 남성보호자가 없는 경우 어머니에게 아동 양육권 양도.

اصل بیست و یکم:
دولت موظف است حقوق زن را در تمام جهات با رعایت موازین اسلامی تضمین نماید و امور زیر را انجام دهد:

۱ - ایجاد زمینه های مساعد برای رشد شخصیت زن و احیاء حقوق مادی و معنوی او.

۲ - حمایت مادران، بالخصوص در دوران بارداری و حضانت فرزند، و حمایت از کودکان بی سرپرست.

۳ - ایجاد دادگاه صالح برای حفظ کیان و بقای خانواده.

۴ - ایجاد بیمه خاص بیوگان و زنان سالخورده و بی سرپرست.

۵ - اعطای قیمومت فرزندان به مادران شایسته در جهت غبطه آنها در صورت نبودن ولی شرعی.

제22조

국민의 존엄, 생명, 재산, 권리, 주거, 직업은 법률에 의하지 않고는 침해할 수 없다.

제23조

사상 검증은 금지한다. 어떤 특정한 의견을 지녔다고 공격받거나 심문을 받을 수 없다.

제24조

이슬람의 원칙이나 대중의 권리를 침해하지 않는 한 출판과 언론은 자유롭게 의견을 표명할 수 있다. 예외 사항은 법률로 규정한다.

اصل بیست و دوم:
حیثیت، جان، مال، حقوق، مسکن و شغل اشخاص از تعرض مصون است مگر در مواردی که قانون تجویز کند.

اصل بیست و سوم:
تفتیش عقاید ممنوع است و هیچکس را نمی توان به صرف داشتن عقیده ای مورد تعرض و مؤاخذه قرار داد.

اصل بیست و چهارم:
نشریات و مطبوعات در بیان مطالب آزادند مگر آنکه مخل به مبانی اسلام یا حقوق عمومی باشد. تفصیل آن را قانون معین می کند.

제25조

법에 의거하지 않은 서신 검열과 압수, 전화통화 녹음과 폭로, 전보와 텔렉스 전신 누설, 통신 검열 및 중단, 대화 도청과 모든 형태의 조사를 금지한다.

제26조

이슬람공화국의 독립, 자유, 국민통합, 이슬람의 규준, 이슬람공화국의 근간을 위배하지 않는 한 정당, 단체, 정치 및 상공인 협회, 이슬람 협회 또는 소수종교협회 결성을 자유롭게 할 수 있다. 이들 조직에 참여하는 것을 막을 수도 없고 참여하라고 강요할 수도 없다.

اصل بیست و پنجم:
بازرسی و نرساندن نامه ها، ضبط و فاش کردن مکالمات تلفنی، افشای مخابرات تلگرافی و تلکس، سانسور، عدم مخابره و نرساندن آنها، استراق سمع و هر گونه تجسس ممنوع است مگر به حکم قانون.

اصل بیست و ششم:
احزاب، جمعیت ها، انجمن های سیاسی و صنفی و انجمنهای اسلامی یا اقلیتهای دینی شناخته شده آزادند، مشروط به این که اصول استقلال، آزادی، وحدت ملی، موازین اسلامی و اساس جمهور اسلامی را نقض نکنند. هیچکس را نمی توان از شرکت در آنها منع کرد یا به شرکت در یکی از آنها مجبور ساخت.

제27조

이슬람의 근본을 해하지 않는 한 무기를 소지하지 않은 상태에서 자유롭게 집회를 열고 행진할 수 있다.

제28조

이슬람과 공공이익을 해하지 않고, 타인의 권리를 침해하지 않는 한 모든 국민은 직업의 자유를 가진다. 정부는 다양한 직업에 대한 사회적 요구를 고려하여 고용을 창출하고 공평한 취업기회를 제공한다.

제29조

은퇴, 실업, 노령, 장애, 보호자 부재, 빈곤, 사고, 재앙, 건강, 의료에 대하여 보험 등을 통해 사회보장 혜택을 받는 것은 모두의 권리다. 법에 따라 정부는 국고와 공공기부금

اصل بیست و هفتم:
تشکیل اجتماعات و راه پیمایی ها، بدون حمل سلاح، به شرط آن که مخل به مبانی اسلام نباشد آزاد است.

اصل بیست و هشتم:
هر کس حق دارد شغلی را که بدان مایل است و مخالف اسلام و مصالح عمومی و حقوق دیگران نیست برگزیند. دولت موظف است با رعایت نیاز جامعه به مشاغل گوناگون، برای همه افراد امکان اشتغال به کار و شرایط مساوی را برای احراز مشاغل ایجاد نماید.

اصل بیست و نهم:
برخورداری از تأمین اجتماعی از نظر بازنشستگی، بیکاری، پیری، ازکارافتادگی، بی سرپرستی، در راه ماندگی، حوادث و سوانح، نیاز به خدمات بهداشتی

을 사용하여 앞서 언급한 혜택과 재정지원을 국민 개개인 모두에게 제공하여야 한다.

제30조

정부는 모든 국민에게 고교 교육을 마칠 때까지 공공 무상 교육을 제공하고, 교육 인력을 자급자족할 수 있을 때까지 국가는 무상 고등교육을 확대하여야 한다.

제31조

자신들의 필요에 맞는 적합한 주거를 가지는 것은 모든 이란인과 가정이 누리는 권리다. 정부는 더 궁핍한 사람들, 특별히 농부와 노동자에게 우선적으로 주거를 제공한다.

و درمانی و مراقبتهای پزشکی به صورت بیمه و غیره، حقی است همگانی. دولت موظف است طبق قوانین از محل درآمدهای عمومی و درآمدهای حاصل از مشارکت مردم، خدمات و حمایتهای مالی فوق را برای یک یک افراد کشور تأمین کند.

اصل سی ام:
دولت موظف است وسایل آموزش و پرورش رایگان را برای همه ملت تا پایان دوره متوسطه فراهم سازد و وسایل تحصیلات عالی را تا سر حد خودکفایی کشور به طور رایگان گسترش دهد.

اصل سي و یکم:
داشتن مسکن متناسب با نیاز، حق هر فرد و خانواده ایرانی است. دولت موظف است با رعایت اولویت برای آنها که نیازمندترند به خصوص روستانشینان و

제32조

어느 누구도 법률과 적법한 절차에 따르지 않고서는 체포되지 않는다. 체포되는 경우 범죄사실과 이유를 체포되는 사람에게 서면으로 즉각적으로 고지하여야 한다. 신분구속 관련 서류를 24시간 내에 사법당국에 송부하여야 하고 재판을 위한 예비심문 절차를 빠른 시간 내에 진행하여야 한다. 이러한 원칙을 어기는 자는 법에 따라 처벌받는다.

제33조

어느 누구도 법률에 의하지 않고는 거주지에서 추방되지 않고, 자신이 원하는 곳에 머무를 수 있으며, 특정한 곳에 거주하도록 강요받지 않는다.

کارگران زمینه اجرای این اصل را فراهم کند.

اصل سی و دوم:
هیچکس را نمی توان دستگیر کرد مگر به حکم و ترتیبی که قانون معین می کند. در صورت بازداشت، موضوع اتهام باید با ذکر دلایل بلافاصله کتباً به متهم ابلاغ و تفهیم شود و حداکثر ظرف مدت بیست و چهار ساعت پرونده مقدماتی به مراجع صالحه قضایی ارسال و مقدمات محاکمه، در اسرع وقت فراهم گردد. متخلف از این اصل طبق قانون مجازات می شود.

اصل سی و سوم:
هیچکس را نمی توان از محل اقامت خود تبعید کرد یا از اقامت در محل مورد علاقه اش ممنوع یا به اقامت در محلی مجبور ساخت، مگر در مواردی که

제34조

정의를 구하는 것은 반론의 여지 없이 모든 사람이 지닌 권리다. 모든 국민은 재판을 받을 권리가 있으며 법정에 접근할 권리를 지닌다. 어느 누구도 법에 따른 재판을 받을 권리를 제한 받지 아니한다.

제35조

모든 법정에서 소송 당사자들은 변호사를 선임할 수 있는 권리를 가진다. 만일 당사자가 변호사를 선임할 능력이 없다면 국가는 변호사를 선임할 방법을 제공하여야 한다.

قانون مقرر می دارد.

اصل سی و چهارم:
دادخواهی حق مسلم هر فرد است و هر کس می تواند به منظور دادخواهی به دادگاه های صالح رجوع نماید. همه افراد ملت حق دارند این گونه دادگاه ها را در دسترس داشته باشند و هیچکس را نمی توان از دادگاهی که به موجب قانون حق مراجعه به آن را دارد منع کرد.

اصل سی و پنجم:
در همه دادگاه ها طرفین دعوی حق دارند برای خود وکیل انتخاب نمایند و اگر توانایي انتخاب وکیل را نداشته باشند باید برای آنها امکانات تعیین وکیل فراهم گردد.

제36조

판결의 선고와 집행은 관할 법원이 법률에 따라 선고하고 집행한다.

제37조

무죄 추정이 원칙이다. 어느 누구도 관할 법원에 의해 유죄가 확정되지 않는 한 유죄로 간주하지 않는다.

제38조

자백이나 증거를 얻기 위한 모든 형태의 고문을 금지한다. 증언, 고백, 또는 선서를 강요하는 것은 허용되지 않는다. 그러한 증언, 고백 또는 선서는 무효다. 이러한 원칙을 위배하면 법에 따라 처벌한다.

اصل سی و ششم:
حکم به مجازات و اجرا آن باید تنها از طریق دادگاه صالح و به موجب قانون باشد.

اصل سی و هفتم:
اصل، برائت است و هیچکس از نظر قانون مجرم شناخته نمی شود، مگر این که جرم او در دادگاه صالح ثابت گردد.

اصل سی و هشتم:
هر گونه شکنجه برای گرفتن اقرار و یا کسب اطلاع ممنوع است. اجبار شخص به شهادت، اقرار یا سوگند، مجاز نیست و چنین شهادت و اقرار و سوگندی فاقد ارزش و اعتبار است. متخلف از این اصل طبق قانون مجازات می شود.

제39조

법에 의거하여 체포, 구금, 투옥, 또는 추방된 사람의 명예와 존엄을 해하는 행위는 금지되고 처벌받는다.

제40조

어느 누구도 타인에게 손해를 끼치거나 공공의 이익을 해치면서 자신의 이익을 추구할 수 없다.

제41조

이란의 시민권은 반론의 여지없이 모든 이란인의 권리다. 개인이 요청하거나 다른 나라의 시민권을 취득한 경우가 아니면 정부는 어떤 이란인에게서도 시민권을 박탈할 수 없다.

اصل سی و نهم:

هتك حرمت و حیثیت کسی که به حکم قانون دستگیر، بازداشت، زندانی یا تبعید شده، به هر صورت که باشد ممنوع و موجب مجازات است.

اصل چهلم:

هیچکس نمی تواند اعمال حق خویش را وسیله اضرار به غیر یا تجاوز به منافع عمومی قرار دهد.

اصل چهل و یکم:

تابعیت کشور ایران حق مسلم هر فرد ایرانی است و دولت نمی تواند از هیچ ایرانی سلب تابعیت کند، مگر به درخواست خود او یا در صورتی که به تابعیت کشور دیگری درآید.

제42조

외국인은 법의 틀 안에서 이란 시민권을 취득할 수 있다. 다른 나라에서 시민권을 수여하거나 당사자가 철회를 요구할 경우 국적을 취소할 수 있다.

اصل چهل و دوم:
اتباع خارجه می توانند در حدود قوانین به تابعیت ایران در آیند و سلب تابعیت اینگونه اشخاص در صورتی ممکن است که دولت دیگری تابعیت آنها را بپذیرد یا خود آنها درخواست کنند.

제4장

경제와 재정

제43조

자유를 유지하면서 사회의 경제적 독립을 보장하고, 가난과 빈곤을 일소하며, 발전 과정 중에 인간의 욕구를 충족하기 위하여 이슬람공화국의 경제는 다음 기준에 바탕을 둔다.

1. 필수적인 요구 충족: 의식주, 보건, 의료, 교육 및 가정생활을 시작하는 데 필요한 시설.
2. 전원고용 달성을 목표로 모두에게 취업 환경과 기회 제공. 노동능력이 있으나 일자리가 없는 사람 모두에게 협력과 무이자대출, 또는 소수의 개인이나 단체에 부가 집중되지 않고, 정부가 절대적인 고용의 주체가 되지 않는 합법적인 방법으로 노동수단을 창출함. 이

فصل چهارم:
اقتصادي و امور مالي

اصل چهل و سوم:

براي تأمين استقلال اقتصادی جامعه و ریشه کن کردن فقر و محرومیت و برآوردن نیازهای انسان در جریان رشد، با حفظ آزادی او، اقتصاد جمهوری اسلامی ایران بر اساس ضوابط زیر استوار می شود:

۱ - تأمین نیازهای اساسی: مسکن، خوراك، پوشاك، بهداشت، درمان، آموزش و پرورش و امکانات لازم برای تشکیل خانواده برای همه.

۲ - تأمین شرایط و امکانات کار برای همه به منظور رسیدن به اشتغال کامل و قرار دادن وسایل کار در اختیار همه کسانی که قادر به کارند ولی وسایل کار ندارند، در شکل تعاونی، از راه وام

러한 조치는 각 발전 단계에서 국가의 전반적인 경제계획에 맞춰야 함.
3. 개인의 노동 형태, 내용, 업무 시간이 직업적 노력을 넘어서 개인의 정신적 · 정치적 · 사회적 개발을 위해, 그리고 국가가 지도하는 일에 적극적으로 참여하며, 개인의 기술을 발전시키고 창조성을 온전히 활용할 수 있도록 충분한 여가와 여력을 보장하는 방향으로 국가 경제 계획 수립.
4. 직업을 자유롭게 선택할 수 있는 권리를 존중하고 특정한 직업에 종사하도록 강요하지 않으며, 노동력 착취 금지.
5. 손해와 손실을 타인에게 전가하는 행위, 독점, 비축, 고리대금 및 기타 불법적이고 금지된 행위 금지.
6. 소비, 투자, 생산, 유통, 서비스를 포함하는 경제와 관련한 분야에서 일체의 사치와 낭비 금지.
7. 국가 경제 발전과 진보의 수요에 따른 과학기술 이

بدون بهره یا هر راه مشروع دیگر که نه به تمرکز و تداول ثروت در دست افراد و گروه های خاص منتهی شود و نه دولت را به صورت یك کارفرمای بزرگ مطلق درآورد. این اقدام باید با رعایت ضرورت های حاکم بر برنامه ریزیهای عمومی اقتصاد کشور در هر یك از مراحل رشد صورت گیرد.

۳ - تنظیم برنامه اقتصادی کشور به صورتی که شکل و محتوا و ساعت کار چنان باشد که هر فرد علاوه بر تلاش شغلی، فرصت و توان کافی برای خودسازی معنوی، سیاسی و اجتماعی و شرکت فعال در رهبری کشور و افزایش مهارت و ابتکار داشته باشد.

۴ - رعایت آزادی انتخاب شغل، و عدم اجبار افراد به کاری معین و جلوگیری از بهره کشی از کار دیگری.

용과 숙련된 노동력 훈련.

8. 외세경제가 국가경제를 지배하는 것을 금지.

9. 공공수요를 만족하고 자급자족을 하며 의존 탈피를 위해 농업, 축산업, 산업생산 증가를 강조.

۵ – منع اضرار به غیر و انحصار و احتکار و ربا و دیگر معاملات باطل و حرام.

۶ – منع اسراف و تبذیر در همه شئون مربوط به اقتصاد، اعم از مصرف، سرمایه گذاری، تولید، توزیع و خدمات.

۷ – استفاده از علوم و فنون و تربیت افراد ماهر به نسبت احتیاج برای توسعه و پیشرفت اقتصاد کشور.

۸ – جلوگیری از سلطه اقتصادی بیگانه بر اقتصاد کشور.

۹ – تأکید بر افزایش تولیدات کشاورزی، دامی و صنعتی که نیازهای عمومی را تأمین کند و کشور را به مرحله خودکفایی برساند و از وابستگی برهاند.

제44조

이란 이슬람공화국의 경제는 정부, 협동조합, 민간의 세 부문으로 이루어지고 조직적이고 정확한 계획을 바탕으로 한다. 정부 부문은 대규모 기간산업, 대외무역, 주요 광산 광물, 금융, 보험, 발전, 댐, 대규모 관개수로, 라디오, 텔레비전, 우편, 전신전화, 항공, 선박, 도로, 철도 등을 포함한다. 이는 모두 공공소유로 국가가 관리한다. 협동조합 부문은 이슬람법에 따라 도시와 농촌에서 생산과 유통에 관련된 협동조합 형식의 회사와 기관을 포함한다. 민간 부문은 정부와 협동조합의 경제 활동을 보충하는 농산, 축산, 산업, 무역, 서비스 분야로 구성된다. 이 세 분야의 소유권은 이 장의 다른 조항과 합치하고, 이슬람법의 범위를 넘지 않고, 국가의 경제발전과 진보에 공헌하며 사회에 해를 입히지 않는 한 이슬람공화국의 법이 보호한다. 이들 분야의 활동을 관장하는 규정과 조건 및 각 분야의 범위는 법률로 규정한다.

اصل چهل و چهارم:
نظام اقتصادی جمهور اسلامی ایران بر پایه سه بخش دولتی، تعاونی و خصوصی با برنامه ریزیهای منظم و صحیح استوار است. بخش دولتی شامل کلیه صنایع بزرگ، صنایع مادر، بازرگانی خارجی، معادن بزرگ، بانکداری، بیمه، تأمین نیرو، سدها و شبکه های بزرگ آبرسانی، رادیو و تلویزیون، پست و تلگراف و تلفن، هواپیمایی، کشتیرانی، راه و راه آهن و مانند اینها است که به صورت مالکیت عمومی و در اختیار دولت است. بخش خصوصی شامل آن قسمت از کشاورزی، دامداری، صنعت، تجارت و خدمات می شود که مکمل فعالیتهای اقتصادی دولتی و تعاونی است. مالکیت در این سه بخش تا جایی که با اصول دیگر این فصل مطابق باشد و از محدوده قوانین اسلام خارج نشود و موجب رشد و توسعه اقتصادی کشور گردد و مایه زیان جامعه

제45조

황무지나 유휴지, 광산, 해양, 호수, 강 및 기타 공공 수로, 산, 계곡, 숲, 늪지, 천연 숲, 개방 목초지, 상속인이 없는 유산, 소유권이 불분명한 재산, 횡령자로부터 회수한 공공 재산 같은 공공 부와 재산은 이슬람 정부가 공익에 맞게 사용한다. 전술한 것의 사용에 대한 상세한 내용과 방법은 법률로 규정한다.

نشود مورد حمایت قانون جمهوری اسلامی است. تفصیل ضوابط و قلمرو و شرایط هر سه بخش را قانون معین می کند.

اصل چهل و پنجم:
انفال و ثروتهای عمومی از قبیل زمینهای موات یا رها شده، معادن، دریاها، دریاچه، رودخانه ها و سایر آبهای عمومی، کوه ها، دره ها ، جنگلها، نیزارها، بیشه های طبیعی، مراتعی که حریم نیست، ارث بدون وارث، و اموال مجهول المالك و اموال عمومی که از غاصبین مسترد می شود در اختیار حکومت اسلامی است تا بر طبق مصالح عامه نسبت به آنها عمل نماید. تفصیل و ترتیب استفاده از هر یك را قانون معین می کند.

제46조

합법적인 사업과 노동 결과물의 소유주는 각 개인이고, 어느 누구도 소유권을 구실로 타인의 사업과 노동 기회를 빼앗을 수 없다.

제47조

합법적으로 취득한 개인 소유권은 존중 받는다. 관련 규정은 법률로 규정한다.

제48조

천연자원 개발, 공공세입 사용, 경제활동 배분에 관하여 여러 지역 사이에 차별은 있을 수 없다. 각 지역이 발전을 위한 수요와 능력에 따라 필요한 자본과 시설을 사용하는 것을 보장한다.

اصل چهل و ششم:
هر کس مالك حاصل کسب و کار مشروع خویش است و هیچکس نمی تواند به عنوان مالکیت نسبت به کسب و کار خود امکان کسب و کار را از دیگری سلب کند.

اصل چهل و هفتم:
مالکیت شخصی که از راه مشروع باشد محترم است. ضوابط آن را قانون معین می کند.

اصل چهل و هشتم:
در بهره برداری از منابع طبیعی و استفاده از درآمدهای ملی در سطح استانها و توزیع فعالیتهای اقتصادی میان استانها و مناطق مختلف کشور، باید تبعیض در کار نباشد، به طوری که هر منطقه فراخور نیازها و استعداد رشد خود، سرمایه و امکانات لازم در

제49조

정부는 고리대금, 강탈, 뇌물, 횡령, 절도, 도박, 이슬람 정부의 자산 악용, 정부 계약과 거래의 악용, 황무지와 기타 공공소유 자산 매매, 비리영업소 운영, 기타 불법적 수단과 방법 등을 통해 축적한 재산은 모두 환수하고 합법적인 소유자에게 돌려줄 책임을 진다. 만일 소유자가 불분명할 때에는 공공재산으로 귀속해야 한다. 이슬람법에 따른 조사와 증거 제시를 통해 이와 같은 조치를 실행한다.

제50조

현재 세대뿐 아니라 미래 세대가 향상된 사회 생활을 하게 될 환경을 보호하는 것은 이슬람공화국의 공공의무로 간

دسترس داشته باشد.

اصل چهل و نهم:
دولت موظف است ثروتهای ناشی از ربا، غصب، رشوه، اختلاس، سرقت، قمار، سوء استفاده از موقوفات، سوء استفاده از مقاطعه کاریها و معاملات دولتی، فروش زمینهای موات و مباحات اصلی، دایر کردن اماکن فساد و سایر موارد غیر مشروع را گرفته و به صاحب حق رد کند و در صورت معلوم نبودن او به بیت المال بدهد. این حکم باید با رسیدگی و تحقیق و ثبوت شرعی به وسیله دولت اجرا شود.

اصل پنجاهم:
در جمهوری اسلامی، حفاظت محیط زیست که نسل امروز و نسلهای بعد باید در آن حیات اجتماعی رو

주한다. 그러므로 환경을 오염시키거나 환경에 회복할 수 없는 손상을 입히는 경제 및 기타 활동은 금지한다.

제51조

법률에 의거하지 않고서는 어떠한 형태의 세금도 부과하지 않는다. 면세 및 감세는 법률에 따라 결정한다.

제52조

국가의 연 예산은 법률에 따라 정부가 편성하고 이슬람의회의 심의와 승인을 거친다. 예산안 수정은 법률이 규정한 절차에 따른다.

به رشدی داشته باشند، وظیفه عمومی تلقی می گردد. از این رو فعالیتهای اقتصادی و غیر آن که با آلودگی محیط زیست یا تخریب غیر قابل جبران آن ملازمه پیدا کند، ممنوع است.

اصل پنجاه و یکم:
هیچ نوع مالیات وضع نمی شود مگر به موجب قانون. موارد معافیت و بخشودگی و تخفیف مالیاتی به موجب قانون مشخص می شود.

اصل پنجاه و دوم:
بودجه سالانه کل کشور به ترتیبی که در قانون مقرر می شود از طرف دولت تهیه و برای رسیدگی و تصویب به مجلس شورای اسلامی تسلیم می گردد. هر گونه تغییر در ارقام بودجه نیز تابع مراتب مقرر در قانون خواهد بود.

제53조

정부의 수입은 모두 정부의 계좌에 적립하고, 모든 지출은 법률에 따라 승인된 한도 내에서 이루어진다.

제54조

국가회계감사기관은 이슬람의회의 직접적인 관할 하에 있다. 테헤란과 지방 수도에 있는 이 기관의 조직과 운영은 법률로 규정한다.

제55조

국가회계감사기관은 법률에 규정된 대로 국가의 일반예산을 쓰는 정부 부처, 기관, 국영기업 및 여타 사무국들의 회계를 조사 및 감사하여 승인된 액수 이상의 지출이 있는지 여부와 규정된 목적대로 지출이 이루어졌는지 여부를 확인한다. 국가회계감사기관은 법률에 따라 관련된 모든 계

اصل پنجاه و سوم:
کلیه دریافتهای دولت در حساب های خزانه داری کل متمرکز می شود و همه پرداختها در حدود اعتبارات مصوب به موجب قانون انجام می گیرد.

اصل پنجاه و چهارم:
دیوان محاسبات کشور مستقیماً زیر نظر مجلس شورای اسلامی می باشد. سازمان و اداره امور آن در تهران و مراکز استانها به موجب قانون تعیین خواهد شد.

اصل پنجاه و پنجم:
دیوان محاسبات به کلیه حسابهای وزارتخانه ها، مؤسسات، شرکتهای دولتی و سایر دستگاه هایی که به نحوی از انحاء از بودجه کل کشور استفاده می کنند به ترتیبی که قانون مقرر می دارد رسیدگی یا حسابرسی می نماید که هیچ هزینه ای از اعتبارات

좌, 문서, 기록을 취합하여 매년 예산결산보고서를 의견과 함께 이슬람의회에 제출한다. 예산결산보고서는 국민에게 공개하여야 한다.

مصوب تجاوز نکرده و هر وجهی در محل خود به مصرف رسیده باشد. دیوان محاسبات، حسابها و اسناد و مدارك مربوطه را برابر قانون جمع آوری و گزارش تفریغ بودجه هر سال را به انضمام نظرات خود به مجلس شورای اسلامی تسلیم می نماید. این گزارش باید در دسترس عموم گذاشته شود.

제5장
국가의 주권과 권력

제56조

세상과 인간에 대한 절대적인 통치권은 신에게 있다. 신이 인간을 사회적 운명의 주인으로 만들었다. 어느 누구도 이러한 신성한 권리를 빼앗을 수 없고, 이를 어느 특정 개인이나 단체의 이익을 위해 사용할 수 없다. 국가는 이러한 신성한 권리를 다음 조항에 규정된 대로 집행하여야 한다.

제57조

이슬람공화국 정부의 권력은 다음 헌법 조항들에 따라 절대적인 이맘의 권위와 인도(引導)[40] 아래 작동하는 입

فصل پنجم:
حق حاکمیت ملت و قوای ناشی از آن

اصل پنجاه و ششم:
حاکمیت مطلق بر جهان و انسان از آن خداست و هم او، انسان را بر سرنوشت اجتماعی خویش حاکم ساخته است. هیچکس نمی تواند این حق الهی را از انسان سلب کند یا در خدمت منافع فرد یا گروهی خاص قرار دهد و ملت این حق خداداد را از طرقی که در اصول بعد می آید اعمال می کند.

اصل پنجاه و هفتم:
قوای حاکم در جمهوری اسلامی ایران عبارتند از: قوه مقننه، قوه مجریه و قوه قضائیه که زیر نظر ولایت

법부, 행정부, 사법부로 구성된다. 이들 권력은 서로 독립적이다.

제58조

입법권은 국민이 선출한 대표로 구성된 이슬람의회가 행사한다. 승인된 법은 아래 조항들에 규정된 단계를 거친 후 집행을 위해 행정부와 사법부로 전달된다.

제59조

입법부는 중대한 경제, 정치, 사회, 문화 관련 문제를 국민투표에 부칠 수 있다. 국민직접투표의 부의는 이슬람의회 의원 3분의 2가 찬성해야 한다.

مطلقه امر و امامت امت بر طبق اصول آینده این قانون اعمال می گردند. این قوا مستقل از یکدیگرند.

اصل پنجاه و هشتم:
اعمال قوه مقننه از طریق مجلس شورای اسلامی است که از نمایندگان منتخب مردم تشکیل می شود و مصوبات آن پس از طی مراحلی که در اصول بعد می آید برای اجرا به قوه مجریه و قضائیه ابلاغ می گردد.

اصل پنجاه و نهم:
در مسائل بسیار مهم اقتصادی، سیاسی، اجتماعی و فرهنگی ممکن است اعمال قوه مقننه از راه همه پرسی و مراجعه مستقیم به آراء مردم صورت گیرد. درخواست مراجعه به آراء عمومی باید به تصویب دو سوم مجموع نمایندگان مجلس برسد.

제60조

행정권은 헌법상 최고지도자의 직접 소관사항일 경우를 제외하고 대통령과 장관이 행사한다.

제61조

사법권은 이슬람의 규준에 따라 구성된 법원이 행사한다. 소송을 심의하고 해결하는 권한을 지니고, 공공의 권리를 보호하며, 정의를 전파하고 집행하며, 신의 법[41]을 집행한다.

اصل شصتم:
اعمال قوه مجریه جز در اموری که در این قانون مستقیماً بر عهده رهبری گذارده شده، از طریق رئیس جمهور و وزراء است.

اصل شصت و یکم:
اعمال قوه قضائیه به وسیله دادگاه های دادگستری است که باید طبق موازین اسلامی تشکیل شود و به حل و فصل دعاوی و حفظ حقوق عمومی و گسترش و اجرای عدالت و اقامه حدود الهی بپردازد.

제6장
입법권

제1절 이슬람의회[42]

제62조

이슬람의회는 직접 비밀 투표로 선출된 국민 대표로 구성된다. 유권자와 후보의 자격과 선거 방식은 법률로 규정한다.

제63조

이슬람의회 의원의 임기는 4년이다. 국가에 이슬람의회 부재 상황이 없도록 하기 위하여 선거는 현 이슬람의회 임기가 끝나기 전에 실시한다.

فصل ششم:
قوه مقننه

مبحث اول- مجلس شورای اسلامی

اصل شصت و دوم:
مجلس شورای اسلامی از نمایندگان ملت که به طور مستقیم و با رأی مخفی انتخاب می شوند تشکیل می گردد. شرایط انتخاب کنندگان و انتخاب شوندگان و کیفیت انتخابات را قانون معین خواهد کرد.

اصل شصت و سوم:
دوره نمایندگی مجلس شورای اسلامی چهار سال است. انتخابات هر دوره باید پیش از پایان دوره قبل برگزار شود به طوری که کشور در هیچ زمان

제64조

이슬람의회 의원 수는 270명이다. 인구, 정치, 지리, 그리고 여타 요소를 고려하여 이슬람양력 1368년[43] 국민투표일로부터 매 10년마다 20명 증원할 수 있다.[44] 조로아스터교인과 유대인은 각각 1명의 대표를, 앗시리아 그리스도교인과 칼데아 그리스도교인[45]은 합쳐서 1 명의 대표를, 아르메니아 그리스도교인은 남과 북에서 각각 1명의 대표를 선출한다. 선거구와 대표 수는 법률로 규정한다.

제65조

선거를 치른 후 첫 이슬람의회 회의는 재적의원 3분의 2

بدون مجلس نباشد.

اصل شصت و چهارم:
عده نمایندگان مجلس شورای اسلامی دویست و هفتاد نفر است و از تاریخ همه پرسی سال یکهزار و سیصد و شصت و هشت هجری شمسی پس از هر ده سال، با در نظر گرفتن عوامل انسانی، سیاسی، جغرافيايي و نظاير آنها حداكثر بيست نفر نماينده مى تواند اضافه شود. زرتشتيان و كليميان هر كدام يك نماينده و مسيحيان آشورى و كلدانى مجموعاً يك نماينده و مسيحيان ارمنى جنوب و شمال هر كدام يك نماينده انتخاب مى كنند. محدوده حوزه هاى انتخابيه و تعداد نمايندگان را قانون معين مى كند.

اصل شصت و پنجم:
پس از برگزاری انتخابات، جلسات مجلس شورای

출석으로 개회한다. 헌법이 특별히 정족수를 규정한 경우를 제외하고, 의안과 법안은 이슬람의회규칙에 따라 승인한다. 이슬람의회규칙 승인은 출석 의원 3분의 2의 찬성이 필요하다.

제66조

의장과 의장단 선출, 위원회 수와 임기, 회의와 관련된 문제 및 의회 규율 유지는 이슬람의회규칙에 따른다.

제67조

의원은 이슬람의회의 첫 회기에서 다음과 같이 선서를 하고 선서문에 서명하여야 한다.

اسلامی با حضور دو سوم مجموع نمایندگان رسمیت می یابد و تصویب طرحها و لوایح طبق آیین نامه مصوب داخلی انجام می گیرد مگر در مواردی که در قانون اساسی نصاب خاصی تعیین شده باشد. برای تصویب آیین نامه داخلی موافقت دو سوم حاضران لازم است.

اصل شصت و ششم:
ترتیب انتخاب رئیس و هیأت رئیسه مجلس و تعداد کمیسیونها و دوره تصدی آنها و امور مربوط به مذاکرات و انتظامات مجلس به وسیله آیین نامه داخلی مجلس معین می گردد.

اصل شصت و هفتم:
نمایندگان باید در نخستین جلسه مجلس به ترتیب زیر سوگند یاد کنند و متن قسم نامه را امضا نمایند.

자비로우시고 자애로우신 신의 이름으로.

"영광스러운 코란 앞에서 고귀하시고 전능하신 신께 맹세합니다. 이슬람의 신성함을 지키고 이란인의 이슬람혁명의 위업과 이슬람공화국의 토대를 수호합니다. 국민의 신망을 받는 공정한 관리자로서 경건하고 정직하게 국민 대표직을 수행하고, 국가의 독립과 존엄을 충직하고 진실되게 지키며, 국민의 권리를 수호하고 국민에 봉사하며 헌법을 보호하고 말과 글과 의사표현으로 국가의 독립과 국민의 자유와 이익을 옹호합니다."

소수종교 의원은 자신들의 성스러운 경전을 언급하면서 위와 같이 선서한다. 첫 회기에 출석하지 않은 의원은 처음 참석하는 회의 때 선서식을 한다.

بسم الله الرحمن الرحیم
«من در برابر قرآن مجید، به خدای قادر متعال سوگند یاد می کنم و با تکیه بر شرف انسانی خویش تعهد می نمایم که پاسدار حریم اسلام و نگاهبان دستاوردهای انقلاب اسلامی ملت ایران و مبانی جمهوری اسلامی باشم، ودیعه ای را که ملت به ما سپرده به عنوان امینی عادل پاسداری کنم و در انجام وظایف وکالت، امانت و تقوی را رعایت نمایم و همواره به استقلال و اعتلای کشور و حفظ حقوق ملت و خدمت به مردم پایبند باشم، از قانون اساسی دفاع کنم و در گفته ها و نوشته ها و اظهارنظرها، استقلال کشور و آزادی مردم و تأمین مصالح آنها را مد نظر داشته باشم.»
نمایندگان اقلیتهای دینی این سوگند را با ذکر کتاب آسمانی خود یاد خواهند کرد. نمایندگانی که در جلسه نخست شرکت ندارند باید در اولین جلسه

제68조

전시나 국가가 군사점령을 당하였을 경우 대통령이 제안하고 전체 의원 4분의 3의 찬성으로 승인하며 헌법수호위원회가 비준하면 피점령 지역 또는 국가 전지역에서 선거는 일정 기간 연기된다. 새로운 이슬람의회가 구성되지 않으면 이전 이슬람의회가 계속하여 입법권을 행사한다.

제69조

이슬람의회의 회의는 공개하여야 하고, 라디오와 관보로 일반 대중에게 자세하게 보고하여야 한다. 국가안보상 비상시에는 대통령이나 장관 1인, 또는 의원 10명의 요청이 있을 경우 비공개회의를 소집할 수 있다. 비공개회의에서

ای که حضور پیدا می کنند مراسم سوگند را به جای آوردند.

اصل شصت و هشتم:
در زمان جنگ و اشغال نظامی کشور به پیشنهاد رئیس جمهور و تصویب سه چهارم مجموع نمایندگان و تأیید شورای نگهبان انتخابات نقاط اشغال شده یا تمامی مملکت برای مدت معینی متوقف می شود و در صورت عدم تشکیل مجلس جدید، مجلس سابق همچنان به کار خود ادامه خواهد داد.

اصل شصت و نهم:
مذاکرات مجلس شورای اسلامی باید علنی باشد و گزارش کامل آن از طریق رادیو و روزنامه رسمی برای اطلاع عموم منتشر شود. در شرایط اضطراری، در صورتی که رعایت امنیت کشور ایجاب کند،

결의된 사항은 헌법수호위원회가 참석한 가운데 재적 의원 4분의 3이 찬성한 경우에만 유효하다. 비공개회의의 결의사항과 보고서는 비상상황이 해제된 후 공개하여야 한다.

제70조

대통령, 대통령의 보좌관, 장관은 함께 또는 개인적으로 이슬람의회의 공개회의에 참석할 권리를 지니고, 고문을 대동할 수도 있다. 의원들이 필요하다고 판단할 경우, 장관들은 이슬람의회에 참석하여야 한다. 장관들이 요구하면 이슬람의회는 경청한다.

به تقاضای رئیس جمهور یا یکی از وزراء یا ده نفر از نمایندگان، جلسه غیر علنی تشکیل می شود. مصوبات جلسه غیر علنی در صورتی معتبر است که با حضور شورای نگهبان به تصویب سه چهارم مجموع نمایندگان برسد. گزارش و مصوبات این جلسات باید پس از بر طرف شدن شرایط اضطراری برای اطلاع عموم منتشر گردد.

اصل هفتادم:
رئیس جمهور و معاونان او و وزیران به اجتماع یا به انفراد حق شرکت در جلسات علنی مجلس را دارند و می توانند مشاوران خود را همراه داشته باشند و در صورتی که نمایندگان لازم بدانند، وزراء مکلف به حضورند و هر گاه تقاضا کنند مطالبشان استماع می شود.

제2절

이슬람의회의 권력과 권한

제71조

이슬람의회는 헌법의 틀 내에서 모든 문제에 관한 법률을 제정한다.

제72조

이슬람의회는 국가 공식 종교의 원칙과 규정이나 헌법에 위배되는 법을 만들 수 없다. 헌법수호위원회는 제96조에 따라 이 문제를 판단한다.

제73조

이슬람의회는 일반법들을 설명하고 해석할 수 있다. 이 조

مبحث دوم–
اختیارات و صلاحیت مجلس شورای اسلامی

اصل هفتاد و یکم:
مجلس شورای اسلامی در عموم مسائل در حدود مقرر در قانون اساسی می تواند قانون وضع کند.

اصل هفتاد و دوم:
مجلس شورای اسلامی نمی تواند قوانینی وضع کند که با اصول و احکام مذهب رسمی کشور یا قانون اساسی مغایرت داشته باشد. تشخیص این امر به ترتیبی که در اصل نود و ششم آمده بر عهده شورای نگهبان است.

اصل هفتاد و سوم:
شرح و تفسیر قوانین عادی در صلاحیت مجلس

항은 진실을 밝히려고 하는 사법부의 법 해석을 막기 위한 의도를 지닌 조항이 아니다.

제74조

정부 발의 법안은 국무회의에서 승인된 후 이슬람의회에 제출하여야 한다. 이슬람의회 발의 법안 초안은 최소 의원 15명의 제안으로 이슬람의회에 제출될 수 있다.

제75조

공공의 수입을 감소시키거나 공공지출을 늘리는 내용의 의원 발의 법안, 제안, 정부법안 수정안은 수입 감소 보상 대책이나 새로운 세입 확보 방법이 있어야만 이슬람의회에 제출할 수 있다.

شورای اسلامی است. مفاد این اصل مانع از تفسیری که دادرسان در مقام تمیز حق، از قوانین می کنند نیست.

اصل هفتاد و چهارم:
لوایح قانونی پس از تصویب هیأت وزیران به مجلس تقدیم می شود و طرحهای قانونی به پیشنهاد حداقل پانزده نفر از نمایندگان، در مجلس شورای اسلامی قابل طرح است.

اصل هفتاد و پنجم:
طرح های قانونی و پیشنهادها و اصلاحاتی که نمایندگان در خصوص لوایح قانونی عنوان می کنند و به تقلیل درآمد عمومی یا افزایش هزینه عمومی می انجامد، در صورتی قابل طرح در مجلس است که در آن طریق جبران کاهش درآمد یا تأمین هزینه

제76조

이슬람의회는 국정을 감사하거나 특정한 국정사안을 조사할 수 있다.

제77조

국제협약, 국제조약, 국제계약, 국가간 합의는 이슬람의회가 비준하여야 한다.

제78조

국경 변경은 일체 금지된다. 일방적이지 않고, 국가의 독립과 영토보전을 침해하지 않으며 이슬람의회 재적의원 5분의 4의 찬성을 얻으면 국익을 지키기 위하여 일부 조정할 수 있다.

جدید نیز معلوم شده باشد.

اصل هفتاد و ششم:
مجلس شوری اسلامی حق تحقیق و تفحص در تمام امور کشور را دارد.

اصل هفتاد و هفتم:
عهدنامه ها، مقاوله نامه ها، قراردادها و مؤافقت نامه های بین المللی باید به تصویب مجلس شورای اسلامی برسد.

اصل هفتاد و هشتم:
هر گونه تغییر در خطوط مرزی ممنوع است مگر اصلاحات جزئی با رعایت مصالح کشور، به شرط این که یك طرفه نباشد و به استقال و تمامیت ارضی کشور لطمه نزند و به تصویب چهار پنجم مجموع

제79조

계엄령 선포는 금지된다. 전쟁이나 전쟁에 준한 비상사태가 발생할 경우 정부는 이슬람의회의 비준 아래 일시적으로 필요한 제한 조치를 취할 권리를 지닌다. 어떠한 경우에도 제한조치는 30일 이상 지속될 수 없다. 더 필요할 경우 정부는 이슬람의회로부터 재차 승인을 받아야 한다.

제80조

국내·외적으로 차관이나 원조를 제공하거나 받을 경우 정부는 이슬람의회의 승인을 받아야 한다.

نمایندگان مجلس شورای اسلامی برسد.

اصل هفتاد و نهم:
برقراری حکومت نظامی ممنوع است. در حالت جنگ و شرایط اضطراری نظیر آن، دولت حق دارد با تصویب مجلس شورای اسلامی موقتاً محدودیتهای ضروری را برقرار نماید، ولی مدت آن به هر حال نمی تواند بیش از سی روز باشد و در صورتی که ضرورت همچنان باقی باشد دولت موظف است مجدداً از مجلس کسب مجوز کند.

اصل هشتادم:
گرفتن و دادن وام یا کمکهای بدون عوض داخلی و خارجی از طرف دولت باید با تصویب مجلس شورای اسلامی باشد.

제81조

외국인에게 상업, 산업, 농업, 광업, 서비스 분야 회사나 기관 설립에 특권을 주는 것은 절대 금지한다.

제82조

이슬람의회의 승인을 받은 경우를 제외하고 정부는 외국 전문가를 고용할 수 없다.

제83조

국가유적의 일부인 정부 건물과 재산은 이슬람의회의 승인 없이 양도할 수 없다. 대체 불가능한 보물은 양도할 수 없다.

اصل هشتاد و یکم:
دادن امتیاز تشکیل شرکتها و مؤسسات در امور تجارتی و صنعتی و کشاورزی و معادن و خدمات به خارجیان مطلقاً ممنوع است.

اصل هشتاد و دوم:
استخدام کارشناسان خارجی از طرف دولت ممنوع است مگر در موارد ضرورت با تصویب مجلس شورای اسلامی.

اصل هشتاد و سوم:
بناها و اموال دولتی که از نفایس ملی باشد قابل انتقال به غیر نیست مگر با تصویب مجلس شورای اسلامی آن هم در صورتی که از نفایس منحصر به فرد نباشد.

第84조

모든 의원은 국가에 대한 책임을 지고 국내 · 외 사안 모두에 대해 개인적 견해를 밝힐 권리를 지닌다.

第85조

의원의 권리는 전속적인 것으로 타인에게 양도될 수 없다. 이슬람의회는 입법권을 의원 개인이나 위원회에 위임할 수 없다. 그러나 필요한 경우에는 특정한 법률 제정권을 제72조에 따라 이슬람의회 내부의 위원회에 위임할 수 있다. 이러한 경우 해당 법률은 이슬람의회가 규정한 기간 동안 시범적으로 시행되고 최종 승인은 이슬람의회가 한다. 이와 마찬가지로 이슬람의회는 제72조에 따라 정부 또는 소관 위원회에 국영기업, 정부기관, 국영단체 또는 정부와 연계된 조직의 구성에 관한 조항의 영구 승인에 대한 권한과 책임을 부여할 수 있다. 이 경우 정부의 승인은 국

اصل هشتاد و چهارم:
هر نماینده در برابر تمام ملت مسئول است و حق دارد در همه مسائل داخلی و خارجی کشور اظهار نظر نماید.

اصل هشتاد و پنجم:
سمت نمایندگی قائم به شخص است و قابل واگذاری به دیگری نیست. مجلس نمتواند اختیار قانونگذاری را به شخص یا هیأتی واگذار کند ولی در موارد ضروری می تواند اختیار وضع بعضی از قوانین را با رعایت اصل هفتاد و دوم به کمیسیون های داخلی خود تفویض کند، در این صورت این قوانین در مدتی که مجلس تعیین می نماید به صورت آزمایشی اجرا می شود و تصویب نهایی آنها با مجلس خواهد بود. همچنین مجلس شورای اسلامی می تواند تصویب دائمی اساسنامه سازمانها، شرکتها، مؤسسات دولتی

가 공식 종교의 원칙과 규정 또는 헌법에 어긋나서는 안 되고, 제96조에 따라 헌법수호위원회가 이 문제를 판단한다. 이와 더불어 정부의 승인이 법령을 위배해서는 안 된다. 이러한 승인을 시행할 때 정부는 이슬람의회 의장에게 고지하고, 의장은 정부 승인이 위 법률과 합치하는지 여부를 검토하고 발표한다.

제86조

의원은 국민의 대표로서 의무를 수행하는 과정에서 완전히 자유롭게 의사를 표명하고 투표한다. 이슬람의회에서 표명한 의견이나 대표로서 의무를 수행하는 과정에서 한

یا وابسته به دولت را با رعایت اصل هفتاد و دوم به کمیسیونهای ذیربط واگذار کند و یا اجازه تصویب آنها را به دولت بدهد. در این صورت مصوبات دولت نباید با اصول و احکام مذهب رسمی کشور و یا قانون اساسی مغایرت داشته باشد. تشخیص این امر به ترتیب مذکور در اصل نود و ششم با شورای نگهبان است. علاوه بر این، مصوبات دولت نباید مخالف قوانین و مقررات عمومی کشور باشد و به منظور بررسی و اعلام عدم مغایرت آنها با قوانین مزبور باید ضمن ابلاغ برای اجرا به اطلاع رئیس مجلس شورای اسلامی برسد.

اصل هشتاد و ششم:
نمایندگان مجلس در مقام ایفای وظایف نمایندگی در اظهار نظر و رای خود کاملاً آزادند و نمی توان آنها را به سبب نظراتی که در مجلس اظهار کرده اند یا

투표 때문에 기소되거나 체포되지 않는다.

제87조

국무위원회가 구성된 후 대통령은 다른 업무를 진행하기에 앞서 이슬람의회로부터 국무위원회에 대한 신임을 받아야 하며, 재직 중 중대하고 논란이 되는 문제에 관하여 이슬람의회에 국무위원회 신임 여부를 물을 수 있다.

제88조

재적의원 4분의 1 이상이 대통령에게, 또는 의원 1인이 장관에게 직무와 관련된 주제에 대해 질문을 제기하면 대통령이나 장관은 이슬람의회에 출석하여 답변하여야 한다. 합당한 이유가 있다고 이슬람의회가 인정한 경우를 제외하고 답변은 대통령의 경우 한 달 이상, 장관의 경우 10일

آرائی که در مقام ایفای وظایف نمایندگی خود داده اند تعقیب یا توقیف کرد.

اصل هشتاد و هفتم:
رئیس جمهور برای هیأت وزیران پس از تشکیل و پیش از هر اقدام دیگر باید از مجلس رای اعتماد بگیرد. در دوران تصدی نیز در مورد مسائل مهم و مورد اختلاف می تواند از مجلس برای هیأت وزیران تقاضای رای اعتماد کند.

اصل هشتاد و هشتم:
در هر مورد که حداقل یك چهارم کل نمایندگان مجلس شورای اسلامی از رئیس جمهور و یا هر یك از نمایندگان از وزیر مسئول، درباره یکی از وظایف آنان سوال کنند، رئیس جمهور یا وزیر موظف است در مجلس حاضر شود و به سوال جواب دهد و این

이상 지체되어서는 안 된다.

제89조

1. 이슬람의회 의원은 필요하다고 판단할 경우 국무위원회나 장관을 심문할 수 있다(대정부질의). (대정부) 질의는 최소 10명의 의원이 서명하여 이슬람의회에 제출한다. 질의의 대상인 국무위원회나 장관은 질의 요청안이 이슬람의회에 제출된 날로부터 10일 이내에 이슬람의회에 출석하여 답변해야 하고 이슬람의회에 신임투표를 요청해야 한다. 만일 국무위원회나 관련 장관이 이슬람의회에 출석하지 않으면 질의를 요청한 의원은 필요한 이유를 설명한다. 만일 이슬람의회가 이를 적합하다고 판단하면 불신임 투표를 선언한다. 만일 이슬람의회의 신임안이 통과되지 않으면 국무위원

جواب نباید در مورد رئیس جمهور بیش از یك ماه و در مورد وزیر بیش از ده روز به تأخیر افتاد مگر با عذر موجه به تشخیص مجلس شورای اسلامی.

اصل هشتاد و نهم:

۱ - نمایندگان مجلس شورای اسلامی می توانند در مواردی که لازم می دانند هیأت وزیران یا هر یك از وزراءء را استیضاح کنند. استیضاح وقتی قابل طرح در مجلس است که با امضای حداقل ده نفر از نمایندگان به مجلس تقدیم شود. هیأت وزیران یا وزیر مورد استیضاح باید ظرف مدت ده روز پس از طرح آن در مجلس حاضر شود و به آن پاسخ گوید و از مجلس رأی اعتماد بخواهد. در صورت عدم حضور هیأت وزیران یا وزیر برای پاسخ، نمایندگان مزبور درباره استیضاح خود توضیحات لازم را می دهند و در صورتی

회나 관련 장관은 해임된다. 두 경우 모두 관련 장관은 새로이 구성될 내각의 일원이 될 수 없다.

2. 의원 3분의 1이상이 대통령의 행정부 운영과 국무 수행 능력을 문제 삼아 질의를 요청하면, 대통령은 질의 요청일로부터 한 달 이내에 의회에 출석하여 제기된 문제에 대해 충분히 설명하여야 한다. 찬반 의원의 발언과 대통령의 답변이 끝난 후 의원 3분의 2 이상이 대통령이 무능하다고 투표하면, 이슬람의회는 제110조 10항에 의한 해임 절차 진행을 위해 불신임 결정을 최고지도자에게 전달한다.

که مجلس مقتضی بداند اعلام رأی عدم اعتماد خواهد کرد. اگر مجلس رأی اعتماد نداد هیأت وزیران یا وزیر مورد استیضاح عزل می شود. در هر دو صورت وزراءی مورد استیضاح نمی توانند در هیأت وزیرانی که بلافاصله بعد از آن تشکیل می شود عضویت پیدا کنند.

۲ - در صورتی که حداقل یك سوم از نمایندگان مجلس شورای اسلامی رئیس جمهور را در مقام اجرای وظایف مدیریت قوه مجریه و اداره امور اجرايي کشور مورد استیضاح قرار دهند، رئیس جمهور باید ظرف مدت یك ماه پس از طرح آن در مجلس حاضر شود و در خصوص مسائل مطرح شده توضیحات کافی بدهد. در صورتی که پس از بیانات نمایندگان مخالف و موافق و پاسخ رئیس جمهور، اکثریت دو سوم کل نمایندگان به عدم کفایت رئیس جمهور رأی دادند مراتب جهت

제90조

이슬람의회나 행정부나 사법부의 업무 처리에 관하여 불만이 있는 사람은 누구나 이슬람의회에 이를 서면으로 제출할 수 있다. 이슬람의회는 불만을 조사하고 만족스러운 답을 해야 한다. 불만이 행정부나 사법부와 관련이 된 경우, 이슬람의회는 행정부나 사법부에게 사안에 대한 적절한 조사와 설명을 요구하고 그 결과를 적절한 시간 내에 발표하여야 한다. 불만의 주제가 공익과 관련된 경우 답변은 반드시 공개하여야 한다.

제91조

이슬람법과 헌법을 수호할 목적으로 이슬람의회가 통과시

اجرای بند ده اصل یکصد و دهم به اطلاع مقام رهبری می رسد.

اصل نودم:
هر کس شکایتی از طرز کار مجلس یا قوه مجریه یا قوه قضائیه داشته باشد، می تواند شکایت خود را کتباً به مجلس شورای اسلامی عرضه کند. مجلس موظف است به این شکایات رسیدگی کند و پاسخ کافی دهد و در مواردی که شکایت به قوه مجریه و یا قوه قضائیه مربوط است رسیدگی و پاسخ کافی از آنها بخواهد و در مدت متناسب نتیجه را اعلام نماید و در موردی که مربوط به عموم باشد به اطلاع عامه برساند.

اصل نود و یکم:
به منظور پاسداری از احکام اسلام و قانون اساسی

킨 법령이 이슬람에 적합한지를 검토하기 위하여 헌법수호위원회를 다음과 같이 구성한다.

1. 공정하면서 시대의 요구와 현재의 문제를 잘 아는 6명의 이슬람법 전문가. 최고지도자가 선출.
2. 법의 여러 분야에 능통한 여섯 명의 법률가. 무슬림 법률가 중에서 사법부 수장이 이슬람의회에 추천하여 이슬람의회가 투표로 선출.

제92조

헌법수호위원회 위원은 6년 임기로 선출되나 첫 번째 임기 중 3년이 지나면 각 그룹의 위원 반수가 추첨을 통해 교체되고 그 자리에 새로운 위원이 선출된다.

از نظر عدم مغایرت مصوبات مجلس شورای اسلامی با آنها، شورایی به نام شورای نگهبان با ترکیب زیر تشکیل می شود.

۱ - شش نفر از فقهای عادل و آگاه به مقتضیات زمان و مسائل روز. انتخاب این عده با مقام رهبری است.

۲ - شش نفر حقوقدان، در رشته های مختلف حقوقی، از میان حقوقدانان مسلمانی که به وسیله رئیس قوه قضائیه به مجلس شورای اسلامی معرفی می شوند و با رای مجلس انتخاب می گردند.

اصل نود و دوم:

اعضاءی شورای نگهبان برای مدت شش سال انتخاب می شوند ولی در نخستین دوره پس از گذشتن سه سال، نیمی از اعضاءی هر گروه به قید قرعه تغییر می یابند و اعضاءی تازه ای به جای آنها

제93조

이슬람의회 의원 신임장과 헌법수호위원회 법률가 6명의 선출을 인준하는 경우를 제외하고, 이슬람의회의 결의는 헌법수호위원회를 통해서만 법률적 효력을 가진다.

제94조

이슬람의회가 통과시킨 모든 법은 헌법수호위원회에 송부되어야 한다. 헌법수호위원회는 접수한 시점부터 최대 10일간 해당 법이 이슬람의 규준과 헌법에 부합하는지 심사한다. 부합하지 않으면 재고를 위해 이슬람의회에 반송한다. 반송하지 않는 경우 법은 시행 가능한 것으로 간주한다.

انتخاب می شوند.

اصل نود و سوم:
مجلس شورای اسلامی بدون وجود شورای نگهبان اعتبار قانونی ندارد مگر در مورد تصویب اعتبارنامه نمایندگان و انتخاب شش نفر حقوقدان اعضای شورای نگهبان.

اصل نود و چهارم:
کلیه مصوبات مجلس شورای اسلامی باید به شورای نگهبان فرستاده شود. شورای نگهبان موظف است آن را حداکثر ظرف ده روز از تاریخ وصول از نظر انطباق بر موازین اسلام و قانون اساسی مورد بررسی قرار دهد و چنانچه آن را مغایر ببیند برای تجدید نظر به مجلس بازگرداند. در غیر این صورت مصوبه قابل اجرا است.

제95조

헌법수호위원회가 검토를 마치고 최종 의견을 밝히는데 10일이 충분하지 않다고 판단하는 경우 이슬람의회에 최대 10일 간의 기간 연장을 요구할 수 있다.

제96조

이슬람의회가 통과시킨 법이 이슬람법에 부합하는지 여부는 헌법수호위원회의 이슬람법 전문가 과반수의 다수결로 결정한다. 헌법에 부합하는지 여부는 헌법수호위원회 재적 위원 과반수의 다수결로 결정한다.

제97조

사안을 신속히 처리하기 위하여 헌법수호위원회 위원은 법안이 논의되고 있을 때 이슬람의회에 참석하여 토론을 청취할 수 있다. 긴급 법안이 이슬람의회의 안건일 경우

اصل نود و پنجم:
در مواردی که شورای نگبهان مدت ده روز را برای رسیدگی و اظهار نظر نهایی کافی نداند، می تواند از مجلس شورای اسلامی حداکثر برای ده روز دیگر با ذکر دلیل خواستار تمدید وقت شود.

اصل نود و ششم:
تشخیص عدم مغایرت مصوبات مجلس شورای اسلامی با احکام اسلام با اکثریت فقهای شورای نگهبان و تشخیص عدم تعارض آنها با قانون اساسی بر عهده اکثریت همه اعضاءی شورای نگهبان است.

اصل نود و هفتم:
اعضاءی شورای نگهبان به منظور تسریع در کار می توانند هنگام مذاکره درباره لایحه یا طرح قانونی در مجلس حاضر شوند و مذاکرات را استماع کنند.

헌법수호위원회 위원은 반드시 이슬람의회에 참석하여 견해를 밝혀야 한다.

제98조

헌법해석 권한과 의무는 헌법수호위원회에 있고, 이 위원회의 위원 4분의 3의 동의로 이루어진다.

제99조

헌법수호위원회는 최고지도자전문가의회 선거, 대통령 선거, 이슬람의회 선거, 국민투표 및 총선거 부의 관련 사무를 감독할 의무가 있다.

اما وقتی طرح یا لایحه ای فوری در دستور کار مجلس قرار گیرد، اعضاءی شورای نگهبان باید در مجلس حاضر شوند و نظر خود را اظهار نمایند.

اصل نود و هشتم:
تفسیر قانون اساسی به عهده شورای نگهبان است که با تصویب سه چهارم آنان انجام می شود.

اصل نود و نهم:
شورای نگهبان نظارت بر انتخابات مجلس خبرگان رهبری، ریاست جمهوری، مجلس شورای اسلامی و مراجعه به آراء عمومی و همه پرسی را بر عهده دارد.

제7장

의회[46]

제100조

사회, 경제, 발전, 공공보건, 문화, 교육 계획과 여타 복지 관련 사안들은 주민들과 협력을 통해 신속히 실현하기 위해 각종 의회를 설치한다. 이러한 행정 사안들은 각 마을, 구역, 시, 대도시 및 주의 이름을 딴 의회의 감독 하에 실행되고, 의회의 의원은 그 지역 주민들이 선출한다. 이들 의회의 유권자와 후보의 자격, 기능과 권한, 선거방식, 관할 구역, 조직체계는 국민통합, 영토보전, 이슬람공화국 체제, 중앙정부의 주권을 보존하도록 법률로 규정한다.

فصل هفتم:
شوراها

اصل یکصدم:
برای پیشبرد سریع برنامه های اجتماعی، اقتصادی، عمرانی، بهداشتی، فرهنگی، آموزشی و سایر امور رفاهی از طریق همکاری مردم با توجه به مقتضیات محلی، اداره امور هر روستا، بخش، شهر، شهرستان یا استان با نظارت شورایی به نام شورای ده، بخش، شهر، شهرستان یا استان صورت می گیرد که اعضاءی آن را مردم همان محل انتخاب می کنند. شرایط انتخاب کنندگان و انتخاب شوندگان و حدود وظایف و اختیارات و نحوه انتخاب و نظارت شوراهای مذکور و سلسله مراتب آنها را که باید با رعایت اصول وحدت ملی و تمامیت ارضی و نظام

제101조

각 주의 의회 의원으로 구성된 주 최고의회는 지역 발전과 복지를 위한 프로그램을 준비할 때 차별을 금지하고 협력을 증진하며 위 프로그램 실행을 감독한다. 주 최고의회의 설치와 의무는 법률로 규정한다.

제102조

주 최고의회는 권한 범위 내에서 법안을 준비하여 직접 또는 정부를 통해 이슬람의회에 제출할 권리가있다. 이슬람의회는 이러한 법안을 심의한다.

جمهوری اسلامی و تابعیت حکومت مرکزی باشد قانون معین می کند.

اصل یکصد و یکم:
به منظور جلوگیری از تبعیض و جلب همکاری در تهیه برنامه های عمرانی و رفاهی استانها و نظارت بر اجرای هماهنگ آنها، شورای عالی استانها مرکب از نمایندگان شوراهای استانها تشکیل می شود. نحوه تشکیل و وظایف این شورا را قانون معین می کند.

اصل یکصد و دوم:
شورای عالی استانها حق دارد در حدود وظایف خود طرحهایي تهیه و مستقیماً یا از طریق دولت به مجلس شورای اسلامی پیشنهاد کند. این طرحها باید در مجلس مورد بررسی قرار گیرد.

제103조

주지사, 시장, 구청장 및 정부가 임명하는 기타 공무원은 관할 의회가 권한 범위 내에서 사항을 준수하여야 한다.

제104조

생산, 산업, 농업의 전 분야에서의 조화로운 협력을 바탕으로 한 운영 계획의 수립과 실천 및 이슬람 정의를 보장하기 위하여, 노동자, 농부, 기타 피고용인이나 고용주 대표단으로 구성되는 각종 의회를 설치한다. 교육, 행정, 서비스 분야에서도 각 분야의 대표로 해당 의회를 설치한다. 이러한 의회 구성의 방식과 기능, 권한은 법률로 정한다.

اصل یکصد و سوم:
استانداران، فرمانداران، بخشداران و سایر مقامات کشوری که از طرف دولت تعیین می شوند در حدود اختیارات شوراها ملزم به رعایت تصمیمات آنها هستند.

اصل یکصد و چهارم:
به منظور تأمین قسط اسلامی و همکاری در تهیه برنامه ها و ایجاد هماهنگی در پیشرفت امور در واحدهای تولیدی، صنعتی و کشاورزی، شوراهایی مرکب از نمایندگان کارگران و دهقانان و دیگر کارکنان و مدیران، و در واحدهای آموزشی، اداری، خدماتی و مانند اینها شوراهایی مرکب از نمایندگان اعضاء این واحدها تشکیل می شود. چگونگی تشکیل این شوراها و حدود وظایف و اختیارات آنها را قانون معین می کند.

제105조

각 의회의 결정은 이슬람의 규준과 법률을 위반할 수 없다.

제106조

법적인 의무를 위반하지 않는 한 의회는 해산되지 않는다. 위반여부를 판단하는 기관, 의회 해산 및 재구성 방식은 법률로 규정한다. 해산에 이의가 있을 시 의회는 관할법원에 소송을 제기할 수 있으며, 법원은 우선적으로 이를 검토하여야 한다.

اصل یکصد و پنجم:
تصمیمات شوراها نباید مخالف موازین اسلام و قوانین کشور باشد.

اصل یکصد و ششم:
انحلال شوراها جز در صورت انحراف از وظایف قانونی ممکن نیست. مرجع تشخیص انحراف و ترتیب انحلال شوراها و طرز تشکیل مجدد آنها را قانون معین می کند. شورا در صورت اعتراض به انحلال حق دارد به دادگاه صالح شکایت کند و دادگاه موظف است خارج از نوبت به آن رسیدگی کند.

제8장
최고지도자[47] 또는 최고지도자전문가의회

제107조

고귀한 마르자에 타끌리드이자 세계 이슬람혁명의 위대한 지도자이며 이란 이슬람공화국의 건설자로 대다수의 사람들이 본받아 따를 분이자 최고지도자로 인정하고 받아들인 "성스럽고 순수한 존재" 대아야톨라 이맘 호메이니 서거 후 최고지도자 선출은 국민들이 뽑은 최고지도자전문가의회 의원들의 책무다. 최고지도자전문가의회 의원들은 제5조와 제109조에 규정된 자격을 갖춘 모든 이슬람법 전문가를 평가하고 그들에 대해 서로 논의한다. 그들 중에서 이슬람법과 법적인 문제, 또는 정치와 사회 문제에 정통하거나, 대중적 지지를 받거나, 제109조에 명시된 자격을 갖춘 적임자를 찾으면 최고지도자로 선출한다. 적임자

فصل هشتم:
رهبر یا شورای رهبری

اصل یکصد و هفتم:

پس از مرجع عالیقدر تقلید و رهبر کبیر انقلاب جهانی اسلام و بنیانگذار جمهوری اسلامی ایران حضرت آیت الله العظمی امام خمینی «قدس سره الشریف» که از طرف اکثریت قاطع مردم به مرجعیت و رهبری شناخته و پذیرفته شدند، تعیین رهبر به عهده خبرگان منتخب مردم است. خبرگان رهبری درباره همه فقهای واجد شرایط مذکور در اصول پنجم و یکصد و نهم بررسی و مشورت می کنند؛ هر گاه یکی از آنان را اعلم به احکام و موضوعات فقهی یا مسائل سیاسی و اجتماعی یا دارای مقبولیت عامه یا واجد برجستگی خاص

를 찾지 못할 경우에는 최고지도자전문가의회 의원 중 한 명이 최고지도자로 지명되고 선출된다. 최고지도자전문가의회가 선출한 최고지도자는 통치권과 이에 따르는 모든 책임을 진다. 최고지도자는 법 앞에서 다른 모든 국민과 동등하다.

제108조

최고지도자전문가의회의 의원 수와 자격, 선출방법, 첫 번째 임기의 내규는 첫 번째 헌법수호위원회 이슬람법 전문가들이 정하고, 그들 다수결로 인준되며, 혁명지도자가 최종적으로 승인한다. 이후 법률 개정, 검토, 의원의 의무관련 규정 승인권한은 그들 자신에게 있다.

در یکی از صفات مذکور در اصل یکصد و نهم تشخیص دهند او را به رهبری انتخاب می کنند و در غیر این صورت یکی از آنان را به عنوان رهبر انتخاب و معرفی می نمایند. رهبر منتخب خبرگان، ولایت امر و همه مسئولیت های ناشی از آن را بر عهده خواهد داشت. رهبر در برابر قوانین با سایر افراد کشور مساوی است.

اصل یکصد و هشتم:
قانون مربوط به تعداد و شرایط خبرگان، کیفیت انتخاب آنها و آیین نامه داخلی جلسات آنان برای نخستین دوره باید به وسیله فقها اولین شورای نگهبان تهیه و با اکثریت آراء آنان تصویب شود و به تصویب نهایی رهبر انقلاب برسد. از آن پس هر گونه تغییر و تجدید نظر در این قانون و تصویب سایر مقررات مربوط به وظایف خبرگان در صلاحیت

제109조

최고지도자의 조건과 자격

1. 다양한 이슬람법 분야에서 파트와(Fatwa)[48]를 내리는 데 필요한 학식.

2. 이슬람공동체 최고지도자로서 필요한 정의로움과 경건함.

3. 올바른 정치적 · 사회적 통찰력, 신중함, 용기, 최고지도자직에 합당한 충분한 행정력과 권위.

위 조건과 자격을 겸비한 사람이 많을 경우 더 나은 법률적 · 정치적 통찰력을 지닌 사람이 선출된다.

제110조

최고지도자의 의무와 권한

خود آنان است.

اصل یکصد و نهم:
شرایط و صفات رهبر:
۱ - صلاحیت علمي لازم برای افتاء در ابواب مختلف فقه.
۲ - عدالت و تقوای لازم برای رهبری امت اسلام.
۳ - بینش صحیح سیاسی و اجتماعی، تدبیر، شجاعت، مدیریت و قدرت کافی برای رهبری.
در صورت تعدد واجدین شرایط فوق، شخصی که دارای بینش فقهی و سیاسي قوی تر باشد مقدم است.

اصل یکصد و دهم:
وظایف و اختیارات رهبر:

1. 체제공익판별위원회[49]와 협의 후 이란 이슬람공화국의 일반 정책 결정.

2. 일반 정책의 적절한 집행 감독.

3. 국민투표 공표.

4. 군통수권.

5. 전쟁과 평화 선포 및 군 동원.

6. 임명, 해임, 사임 신청 접수.

(1) 헌법수호위원회 이슬람법 전문가

(2) 사법부 최고 수장의 직위

(3) 이란 이슬람공화국 라디오와 텔레비전 방송국 대표

(4) 참모총장

(5) 이슬람혁명수비대 사령관

(6) 안보 및 군 최고 사령관

7. 삼부[50]간 이견과 관계 조정.

8. 일반적인 방식으로 풀 수 없는 문제를 체제공익판별

۱ - تعیین سیاستها کلی نظام جمهوری اسلامی ایران پس از مشورت با مجمع تشخیص مصلحت نظام.

۲ - نظارت بر حسن اجرای سیاستهای کلی نظام.

۳ - فرمان همه پرسی.

۴ - فرماندهی کل نیروهای مسلح.

۵ - اعلام جنگ و صلح و بسیج نیروها.

۶ - نصب و عزل و قبول استعفای: الف - فقهای شورای نگهبان. ب - عالیترین مقام قوه قضائیه. ج - رئیس سازمان صدا و سیمای جمهوری اسلامی ایران. د - رئیس ستاد مشترك. هـ - فرمانده کل سپاه پاسداران انقلاب اسلامی. و - فرماندهان عالی نیروهای نظامی و انتظامی.

۷- حل اختلاف و تنظیم روابط قوای سه گانه.

۸ - حل معضلات نظام که از طرق عادی قابل

위원회를 통해 해결.

9. 국민이 대통령을 선출한 후 대통령 임명에 서명. 헌법에 명시된 대통령 후보의 적격성을 선거 전에 헌법수호위원회에서 승인한 이후, 첫 임기의 경우 최고지도자가 승인.

10. 헌법적 의무를 위반하였다고 최고법원이 판단하거나, 이슬람의회가 제89조에 따라 능력부족이라고 판단한 경우 국익을 고려하여 대통령을 해임.

11. 사법부 수장의 추천에 따라 이슬람의 규준 내에서 범죄자 사면 또는 형 감면. 최고지도자는 의무와 권한 일부를 다른 사람에게 위임할 수 있다.

حل نیست، از طریق مجمع تشخیص مصلحت نظام.
۹ - امضا حکم ریاست جمهوری پس از انتخاب مردم. صلاحیت داوطلبان ریاست جمهوری از جهت دارا بودن شرایطی که در این قانون می آید، باید قبل از انتخابات به تأیید شورای نگهبان و در دوره اول به تأیید رهبری برسد.
۱۰-عزل رئیس جمهور با در نظر گرفتن مصالح کشور پس از حکم دیوان عالی کشور به تخلف وی از وظایف قانونی، یا رای مجلس شورای اسلامی به عدم کفایت وی بر اساس اصل هشتاد و نهم.
۱۱ - عفو یا تخفیف مجازات محکومین در حدود موازین اسلامی پس از پیشنهاد رئیس قوه قضائیه.
رهبر می تواند بعضی از وظایف و اختیارات خود را به شخص دیگری تفویض کند.

제111조

최고지도자가 헌법적 의무를 다 할 수 없거나 제5조와 제109조에 명시된 자격 중 하나를 결여하였거나 처음부터 자격을 지니지 못하고 있었다는 것이 밝혀질 경우 해임될 수 있다. 해임결정권은 제108조에서 언급된 최고지도자전문가의회 의원들에게 있다. 최고지도자의 사망, 사임, 해임의 경우 최고지도자전문가의회 의원들은 최대한 빠른 시일 내에 새로운 최고지도자를 임명하는 조치를 취한다. 새로운 최고지도자가 임명될 때까지 대통령과 사법부 수장, 그리고 체제공익판별위원회에서 선출한 헌법수호위원회 이슬람법 전문가 중 1인이 위원회를 구성하여 최고지도자의 모든 직무를 일시적으로 이양받는다. 이 기간 동안 이들 중 한 명이 어떠한 이유로든 직무를 수행하지 못할 경우 그 대신 다른 사람을 체제공익판별위원회가 선출하여 임명하는데, 이슬람법 전문가가 다수가 되도록 한다. 이 위원회는 체제공익판별위원회 위원 4분

اصل یکصد و یازدهم:
هر گاه رهبر از انجام وظایف قانونی خود ناتوان شود یا فاقد یکی از شرایط مذکور در اصول پنجم و یکصد و نهم گردد، یا معلوم شود از آغاز فاقد بعضی از شرایط بوده است، از مقام خود بر کنار خواهد شد. تشخیص این امر به عهده خبرگان مذکور در اصل یکصد و هشتم می باشد. در صورت فوت یا کناره گیری یا عزل رهبر، خبرگان موظفند، در اسرع وقت نسبت به تعیین و معرفی رهبر جدید اقدام نمایند. تا هنگام معرفی رهبر، شورایی مرکب از رئیس جمهور، رئیس قوه قضائیه و یکی از فقهای شورای نگهبان به انتخاب مجمع تشخیص مصلحت نظام، همه وظایف رهبری را به طور موقت به عهده می گیرد و چنانچه در این مدت یکی از آنان به هر دلیل نتواند انجام وظیفه نماید، فرد دیگری به انتخاب مجمع، با حفظ اکثریت فقها، در شورا به جای وی

의 3의 결정에 따라 제110조의 1항, 3항, 5항, 10항, 그리고 6항의 (4), (5), (6)과 관련한 조치를 취한다. 최고지도자가 병이나 다른 사고 때문에 일시적으로 최고지도자의 직무를 다 할 수 없을 경우, 이 기간 동안 이 조항에서 언급한 위원회가 직무 수행의 책임을 진다.

제112조

헌법수호위원회가 판단하기에 이슬람의회가 제출한 법안이 이슬람법의 원칙이나 헌법에 반하고, 체제공익판별위원회가 판단하기에 이슬람의회가 헌법수호위원회의 기대를 충족하지 못할 경우, 그리고 최고지도자가 제안한 사안을 심의하고 헌법에 명시된 기타 책무를 수행하기 위하여 최고지도자의 명에 따라 체제공익판별위원회가 소집된

منصوب می گردد. این شورا در خصوص وظایف بندهای ۱ و ۳ و ۵ و ۱۰ و قسمتهای (د) و (هـ) و (و) بند ۶ اصل یکصد و دهم، پس از تصویب سه چهارم اعضاءِ مجمع تشخیص مصلحت نظام اقدام می کند. هر گاه رهبر بر اثر بیماری یا حادثه دیگری موقتاً از انجام وظایف رهبری ناتوان شود، در این مدت شورای مذکور در این اصل وظایف او را عهده دار خواهد بود.

اصل یکصد و دوازدهم:
مجمع تشخیص مصلحت نظام برای تشخیص مصلحت در مواردی که مصوبه مجلس شورای اسلامی را شورای نگهبان خلاف موازین شرع و یا قانون اساسی بداند و مجلس با در نظر گرفتن مصلحت نظام نظر شورای نگهبان را تأمین نکند و مشاوره در اموری که رهبری به آنان ارجاع می

다. 위원회의 당연직 위원, 교체 위원은 최고지도자가 임명한다. 체제공익판별위원회의 규정은 위원회 위원이 제정하고 승인하며, 최고지도자가 이를 인준한다.

دهد و سایر وظایفی که در این قانون ذکر شده است به دستور رهبری تشکیل می شود. اعضای ثابت و متغیر این مجمع را مقام رهبری تعیین می نماید. مقررات مربوط به مجمع توسط خود اعضا تهیه و تصویب و به تأیید مقام رهبری خواهد رسید.

제9장
행정부

제1절 대통령[51]과 장관

제113조

대통령은 최고지도자 다음으로 국가 최고공직자다. 대통령은 헌법을 준수하고, 행정부 수반으로서 최고지도자의 직무와 직접 관련된 사안을 제외한 모든 직무를 집행하고 이에 대한 책임을 진다.

제114조

대통령의 임기는 4년이고, 국민 직접 투표로 선출하며, 연임은 1회에 한하여 허용된다.

فصل نهم:
قوه مجريه

مبحث اول- ریاست جمهوری و وزراء

اصل یکصد و سیزدهم:
پس از مقام رهبری رئیس جمهور عالیترین مقام رسمی کشور است و مسئولیت اجرای قانون اساسی و ریاست قوه مجریه را جز در اموری که مستقیماً به رهبری مربوط می شود، بر عهده دارد.

اصل یکصد و چهاردهم:
رئیس جمهور برای مدت چهار سال با رای مستقیم مردم انتخاب می شود و انتخاب مجدد او به صورت متوالی تنها برای یك دوره بلامانع است.

제115조

대통령은 다음과 같은 자격을 지닌 종교적이고 정치적인 인물 중에서 선출한다. 이란 태생으로, 이란 국적을 지니고, 행정력과 재능을 겸비하고, 과거에 좋은 이력을 남겼고, 경건한 신심을 지녔으며, 이란 이슬람공화국의 원칙과 국가의 공식 종교를 굳게 믿음.

제116조

대통령 후보는 선거가 시작되기 전에 공식적으로 입후보를 선언해야 한다. 대통령 선출방식은 법률로 규정한다.

제117조

대통령은 유권자의 절대 과반수 이상의 득표로 선출된다. 1차 투표에서 어느 누구도 그러한 다수를 확보하지 못하

اصل یکصد و پانزدهم:
رئیس جمهور باید از میان رجال مذهبی و سیاسی که واجد شرایط زیر باشند انتخاب گردد: ایرانی الاصل، تابع ایران، مدیر و مدبر، دارای حسن سابقه و امانت و تقوی، مومن و معتقد به مبانی جمهوری اسلامی ایران و مذهب رسمی کشور.

اصل یکصد و شانزدهم:
نامزدهای ریاست جمهوری باید قبل از شروع انتخابات آمادگی خود را رسماً اعلام کنند. نحوه برگزاری انتخاب رئیس جمهوری را قانون معین می کند.

اصل یکصد و هفدهم:
رئیس جمهور با اکثریت مطلق آراء شرکت کنندگان انتخاب می شود، ولی هر گاه در دوره نخست هیچ

면 그 다음 주 금요일에 2차 투표를 실시한다. 1차 투표에서 가장 많은 표를 얻은 두 명의 후보만이 2차 투표에 참가한다. 그러나 최다득표를 한 후보가 선거에 참가하지 않으면, 나머지 후보들 중 다른 후보들보다 더 많은 표를 얻은 두 명의 후보가 재선거에 나선다.

제118조

대통령 선거 감독의 책무는 제99조에 따라 헌법수호위원회에 있다. 헌법수호위원회가 설립되기 이전에는 법률이 규정한 감독위원회가 감독한다.

یک از نامزدها چنین اکثریتی بدست نیاورد، روز جمعه هفته بعد برای بار دوم رای گرفته می شود. در دور دوم تنها دو نفر از نامزدها که در دور نخست آراء بیشتری داشته اند شرکت می کنند، ولی اگر بعضی از نامزدهای دارنده آراء بیشتر، از شرکت در انتخابات منصرف شوند، از میان بقیه، دو نفر که در دور نخست بیش از دیگران رای داشتهاند برای انتخاب مجدد معرفی می شوند.

اصل یکصد و هجدهم:
مسئولیت نظارت بر انتخابات ریاست جمهوری طبق اصل نود و نهم بر عهده شورای نگهبان است ولی قبل از تشکیل نخستین شورای نگهبان بر عهده انجمن نظارتی است که قانون تعیین می کند.

제119조

대통령 선거는 적어도 현 대통령 임기 종료 1개월 전에 실시하여야 한다. 새로운 대통령을 선출한 시기부터 현 대통령의 임기 종료 기간까지는 현 대통령이 대통령직을 수행한다.

제120조

법률에 따라 자격을 갖춘 대통령 후보가 선거일 10일 전에 사망할 경우 선거를 2주 동안 연기한다. 1차 투표와 2차 투표 기간 사이에 최다득표를 한 두 명의 후보 중 한 명이 사망하면 선거를 2주 동안 연기한다.

اصل یکصد و نوزدهم:
انتخاب رئیس جمهور جدید باید حداقل یك ماه پیش از پایان دوره ریاست جمهوری قبلی انجام شده باشد و در فاصله انتخاب رئیس جمهور جدید و پایان دوره ریاست جمهوری سابق، رئیس جمهور پیشین وظایف رئیس جمهوری را انجام می دهد.

اصل یکصد و بیستم:
هر گاه در فاصله ده روز پیش از رای گیری یکی از نامزدهايی که صلاحیت او طبق این قانون احراز شده فوت کند، انتخابات به مدت دو هفته به تاخیر می افتد. اگر در فاصله دور نخست و دور دوم نیز یکی از دو نفر حایز اکثریت دور نخست فوت کند، مهلت انتخابات برای دو هفته تمدید می شود.

제121조

대통령은 이슬람의회에 출석하여 사법부 수장과 헌법수호 위원회 위원들이 참석한 가운데 다음과 같이 선서하고 선서문에 서명하여야 한다.

자비로우시고 자애로우신 신의 이름으로

"나는 공화국 대통령으로서 고귀한 코란을 두고 이란 국민 앞에서 전능하시고 고귀하신 신께 국가의 공식 종교, 이슬람공화국 체제, 국가의 헌법 수호자가 될 것을 선서합니다. 나의 모든 재능과 능력을 내가 맡은 책임을 다하는 데 사용하고, 국민에 대한 봉사, 국가 발전, 종교와 윤리 전파, 권리 지지와 정의 확산에 헌신하고, 어떤 형태든 간에 독단적인 행위를 삼가며, 헌법이 인정한 국민의 자유와 명예와 권리를 보호할 것을 선서합니다. 국경과 국가의 정치적 · 경제적 · 문화적 독립을 지키는 데 모든 노력을 아끼지 않고, 신께 도움을 구하고, 이슬람의 예언자와 흠 없는

اصل یکصد و بیست و یکم:
رئیس جمهور در مجلس شورای اسلامی در جلسه ای که با حضور رئیس قوه قضائیه و اعضاءی شورای نگهبان تشکیل می شود به ترتیب زیر سوگند یاد می کند و سوگندنامه را امضاء می نماید.
بسم الله الرحمن الرحیم
«من به عنوان رئیس جمهور در پیشگاه قرآن کریم و در برابر ملت ایران به خداوند قادر متعال سوگند یاد می کنم که پاسدار مذهب رسمی و نظام جمهوری اسلامی و قانون اساسی کشور باشم و همه استعداد و صلاحیت خویش را در راه ایفای مسئولیتهایی که بر عهده گرفته ام به کار گیرم و خود را وقف خدمت به مردم و اعتلای کشور، ترویج دین و اخلاق، پشتیبانی از حق و گسترش عدالت سازم و از هر گونه خودکامگی بپرهیزم و از آزادی و حرمت اشخاص و حقوقی که قانون اساسی برای ملت

이맘들(전능하신 분의 평화가 그들에게 있길)을 따르면서 국민이 신성한 믿음으로 내게 맡긴 경건하고 충직한 신탁자의 권위를 지키고, 이를 나 다음으로 국민이 선택할 이에게 전해줄 것을 선서합니다."

제122조

대통령은 헌법과 기타 법률에 따라 지닌 권한과 의무 내에서 국민, 지도자, 이슬람의회에 책임을 진다.

제123조

대통령은 법적 절차가 완료되어 통보 받은 이슬람의회의

شناخته است حمایت کنم. در حراست از مرزها و استقلال سیاسی و اقتصادی و فرهنگی کشور از هیچ اقدامی دریغ نورزم و با استعانت از خداوند و پیروی از پیامبر اسلام و ائمه اطهار علیهم السلام قدرتی را که ملت به عنوان امانتی مقدس به من سپرده است همچون امینی پارسا و فداکار نگاهدار باشم و آن را به منتخب ملت پس از خود بسپارم.»

اصل یکصد و بیست و دوم:
رئیس جمهور در حدود اختیارات و وظایفی که به موجب قانون اساسی و یا قوانین عادی به عهده دارد در برابر ملت و رهبر و مجلس شورای اسلامی مسئول است.

اصل یکصد و بیست و سوم:
رئیس جمهور موظف است مصوبات مجلس یا نتیجه

법안이나 국민투표 결과에 서명하고 집행을 위해 관할 당국에 송부하여야 한다.

제124조

대통령은 헌법적 의무를 수행하기 위하여 보좌진을 둘 수 있다. 제1부통령은 대통령의 동의를 얻어 국무회의를 주관하고 기타 보좌진의 업무를 조율하는 책임을 진다.

제125조

이란 정부와 타국 정부 사이의 조약, 의정서, 계약, 합의 및 국제기구와 맺은 협정은 이슬람의회의 승인을 얻은 후 대통령이나 그의 법적 대리인이 서명한다.

همه پرسی را پس از طی مراحل قانونی و ابلاغ به وی امضاء کند و برای اجرا در اختیار مسئولان بگذارد.

اصل یکصد و بیست و چهارم:
رئیس جمهور می تواند برای انجام وظایف قانونی خود معاونانی داشته باشد. معاون اول رئیس جمهور با موافقت وی اداره هیأت وزیران و مسئولیت هماهنگی سایر معاونتها را به عهده خواهد داشت.

اصل یکصد و بیست و پنجم:
امضای عهدنامه ها، مقاوله نامه ها، موافقت نامه ها و قراردادهای دولت ایران با سایر دولتها و همچنین امضای پیمان های مربوط به اتحادیه های بین المللی پس از تصویب مجلس شورای اسلامی با رئیس جمهور یا نماینده قانونی او است.

제126조

대통령은 국가의 기획과 예산 및 행정과 고용을 직접적으로 책임지고, 이러한 업무를 다른 사람에게 위임할 수 있다.

제127조

특별한 필요가 있는 경우에 국무회의의 승인을 받아 대통령은 구체적 권한을 지닌 1명 또는 그 이상의 특별 대표를 임명할 수 있다. 이 경우 대표 또는 대표들의 결정은 대통령과 국무회의의 결정으로 간주된다.

제128조

대사는 외교부 장관의 추천으로 대통령이 임명한다. 대통령은 대사 신임장에 서명하고 타국의 대사 신임장을 접수

اصل یکصد و بیست و ششم:
رئیس جمهور مسئولیت امور برنامه و بودجه و امور اداری و استخدامی کشور را مستقیماً بر عهده دارد و می تواند اداره آنها را به عهده دیگری بگذارد.

اصل یکصد و بیست و هفتم:
رئیس جمهور می تواند در موارد خاص، بر حسب ضرورت با تصویب هیأت وزیران نماینده، یا نمایندگان ویژه با اختیارات مشخص تعیین نماید. در این موارد تصمیمات نماینده یا نمایندگان مذکور در حکم تصمیمات رئیس جمهور و هیأت وزیران خواهد بود.

اصل یکصد و بیست و هشتم:
سفیران به پیشنهاد وزیر امور خارجه و تصویب رئیس جمهور تعیین می شوند. رئیس جمهور

한다.

제129조

국가훈장은 대통령이 수여한다.

제130조

대통령은 사직서를 최고지도자에게 제출하고, 사직서가 접수될 때까지 의무를 수행하여야 한다.

제131조

대통령의 사망, 해임, 사임, 부재, 2달 이상 지속되는 병환, 또는 임기 종료 후 새로운 대통령이 아직 선출되지 않은 동안에는 제1부통령이 최고지도자의 승인을 받아 대통령의 권한을 대행한다. 이슬람의회 의장, 사법부 수장, 제1부

استوارنامه سفیران را امضا می کند و استوارنامه سفیران کشورهای دیگر را می پذیرد.

اصل یکصد و بیست و نهم:
اعطای نشانهای دولتی با رئیس جمهور است.

اصل یکصد و سی ام:
رئیس جمهور استعفای خود را به رهبر تقدیم می کند و تا زمانی که استعفای او پذیرفته نشده است به انجام وظایف خود ادامه می دهد.

اصل یکصد و سی و یکم:
در صورت فوت، عزل، استعفاء، غیبت یا بیماری بیش از دو ماه رئیس جمهور و یا در موردی که مدت ریاست جمهوری پایان یافته و رئیس جمهور جدید بر اثر موانعی هنوز انتخاب نشده و یا امور

통령으로 구성된 위원회는 최대 50일 이내에 새로운 대통령을 선출하도록 준비하여야 한다. 제1부통령이 사망하거나, 의무 수행에 장애가 발생하거나, 대통령에게 제1부통령이 없는 경우, 최고지도자는 그 자리에 다른 사람을 임명한다.

제132조

대통령의 권한과 의무가 제131조에 따라 제1부통령이나 다른 사람에게 위임되는 기간 동안 장관들을 심문하거나 불신임할 수 없다. 또한 헌법을 개정하거나 국민투표를 실시할 수 없다.

دیگری از این قبیل، معاون اول رئیس جمهور با موافقت رهبری اختیارات و مسئولیتهای وی را بر عهده می گیرد و شورایي متشکل از رئیس مجلس و رئیس قوه قضائیه و معاون اول رئیس جمهور موظف است ترتیبی دهد که حداکثر ظرف مدت پنجاه روز رئیس جمهور جدید انتخاب شود. در صورت فوت معاون اول و یا امور دیگری که مانع انجام وظایف وی گردد و نیز در صورتی که رئیس جمهور معاون اول نداشته باشد مقام رهبری فرد دیگری را به جای او منصوب می کند.

اصل یکصد و سی و دوم:

در مدتی که اختیارات و مسئولیتهای رئیس جمهور بر عهده معاون اول یا فرد دیگری است که به موجب اصل یکصد و سی و یکم منصوب می گردد، وزراء را نمی توان استیضاح کرد یا به آنان

제133조

장관은 대통령이 임명하고, 신임투표를 위해 이슬람의회에 통보한다. 이슬람의회에 변동이 발생할 경우에도 장관에 대한 새로운 신임투표는 불필요하다. 장관의 수와 권한은 법률로 규정한다.

제134조

대통령은 국무회의 의장으로, 장관들의 업무를 감독하고 필요한 모든 조치를 취하여 장관들과 국무회의의 결정을 조율하며, 장관들의 협조로 정부의 계획을 세우고 정책을 결정하며 법을 집행한다. 정부 기관이 헌법적 의무를 수행하는 과정에서 이견이나 장애가 있을 때에는 법 개정이나

رای عدم اعتماد داد و نیز نمی توان برای تجدید نظر در قانون اساسی و یا امر همه پرسی اقدام نمود.

اصل یکصد و سی و سوم:
وزراء توسط رئیس جمهور تعیین و برای گرفتن رای اعتماد به مجلس معرفی می شوند. با تغییر مجلس، گرفتن رای اعتماد جدید برای وزراء لازم نیست. تعداد وزیران و حدود اختیارات هر یك از آنان را قانون معین می کند.

اصل یکصد و سی و چهارم:
ریاست هیأت وزیران با رئیس جمهور است که بر کار وزیران نظارت دارد و با اتخاذ تدابیر لازم به هماهنگ ساختن تصمیم های وزیران و هیأت دولت می پردازد و با همکاری وزیران، برنامه و خط مشی دولت را تعیین و قوانین را اجرا می کند.

해석을 필요로 하지 않는 경우에 한해 대통령의 제안에 따라 국무회의가 내린 결정이 구속력을 지닌다. 대통령은 국무회의가 취한 조치에 관하여 이슬람의회에 책임을 진다.

제135조

장관은 해임되거나, 탄핵되거나, 불신임 투표로 이슬람의회의 불신임을 받지 않는 한, 직무를 수행한다. 국무회의 전체나 개별 위원의 사직서는 대통령에게 제출하고, 국무회의는 새로운 정부가 승인될 때까지 직무를 수행한다. 대통령은 최대 3개월간 장관이 없는 부서에 직무대리인을 임명할 수 있다.

در موارد اختلاف نظر و یا تداخل در وظایف قانونی دستگا ه های دولتی در صورتی که نیاز به تفسیر یا تغییر قانون نداشته باشد، تصمیم هیأت وزیران که به پیشنهاد رئیس جمهور اتخاذ می شود لازم الاجرا است. رئیس جمهور در برابر مجلس مسئول اقدامات هیأت وزیران است.

اصل یکصد و سی و پنجم:
وزراء تا زمانی که عزل نشده اند و یا بر اثر استیضاح یا درخواست رای اعتماد، مجلس به آنها رای عدم اعتماد نداده است در سمت خود باقی می مانند. استعفای هیأت وزیران یا هر یك از آنان به رئیس جمهور تسلیم می شود و هیأت وزیران تا تعیین دولت جدید به وظایف خود ادامه خواهند داد. رئیس جمهور می تواند برای وزارتخانه هایی که وزیر ندارند حداکثر برای مدت سه ماه سرپرست تعیین

제136조

대통령은 장관을 해임할 수 있고, 그러한 경우 새로운 장관은 이슬람의회의 신임을 얻어야 한다. 정부가 이슬람의회로부터 신임을 얻은 후 국무회의 구성원의 절반이 변경될 경우, 정부는 이슬람의회의 재신임을 받아야 한다.

제137조

각 장관은 자신의 직무에 관해 대통령과 이슬람의회에 책임을 진다. 국무회의가 승인한 사항에 관해서는 다른 국무위원의 의견에 대해서도 책임을 진다.

نماید.

اصل یکصد و سی ششم:
رئیس جمهور می تواند وزراء را عزل کند و در این صورت باید برای وزیر یا وزیران جدید از مجلس رای اعتماد بگیرد، و در صورتی که پس از ابراز اعتماد مجلس به دولت نیمی از هیأت وزیران تغییر نماید باید مجدداً از مجلس شورای اسلامی برای هیأت وزیران تقاضای رای اعتماد کند.

اصل یکصد و سی و هفتم:
هر یك از وزیران مسئول وظایف خاص خویش در برابر رئیس جمهور و مجلس است و در اموری که به تصویب هیأت وزیران می رسد مسئول اعمال دیگران نیز هست.

제138조

국무회의나 장관이 행정법령을 기안하는 책무를 지닐 경우, 행정임무를 수행하고 법을 집행하며 행정기관을 조직하기 위하여 국무회의는 규범과 규칙을 만들 권리를 지닌다. 장관들은 각기 권한 내에서 국무회의의 결정에 맞게 규범을 만들고 명령을 내릴 권리를 가지고 있으나, 이러한 규범의 내용은 법조문과 법 정신을 위반할 수 없다. 정부는 정부의 의무와 관련된 사안 일부의 법 제정을 몇몇 장관으로 구성된 위원회에 위임할 수 있다. 이들 위원회의 결정은 법의 범위 내에서 대통령의 승인을 거친 후 집행된다. 이 조항에서 언급한 정부의 규범과 규칙, 위원회의 결정사항은 법 집행을 위해 이슬람의회 의장에게 통보한다. 이들이 법을 위반한다고 판단할 경우 의장은 재고의 이유를 명시하여 국무회의에 반송한다.

اصل یکصد و سی و هشتم:

علاوه بر مواردی که هیأت وزیران یا وزیری مأمور تدوین آیین نامه های اجرایی قوانین می شود، هیأت وزیران حق دارد برای انجام وظایف اداری و تأمین اجرای قوانین و تنظیم سازمانهای اداری به وضع تصویب نامه و آیین نامه بپردازد. هر یك از وزیران نیز در حدود وظایف خویش و مصوبات هیأت وزیران حق وضع آیین نامه و صدور بخشنامه را دارد ولی مفاد این مقررات نباید با متن و روح قوانین مخالف باشد. دولت می تواند تصویب برخی از امور مربوط به وظایف خود را به کمیسیونهای متشکل از چند وزیر واگذار نماید. مصوبات این کمیسیونها در محدوده قوانین پس از تأیید رئیس جمهور لازم الاجرا است. تصویب نامه ها و آیین نامه های دولت و مصوبات کمیسیونهای مذکور در این اصل، ضمن ابلاغ برای اجرا به اطلاع رئیس

제139조

국공유재산과 관련된 소송 또는 중재 신청은 모두 국무의회의 승인을 받아야 하며, 이를 이슬람의회에 통보하여야 한다. 분쟁 당사자 한 쪽이 외국인일 경우와 해당 분쟁이 중요한 국내 사안과 관계된 경우에도 이슬람의회의 승인을 받아야 한다. 중요한 사안의 내용은 법률로 정한다.

제140조

대통령, 대통령 보좌진, 장관의 일반 범죄 혐의는 이슬람의회에 통보하고 일반법정에서 다룬다.

مجلس شورای اسلامی می رسد تا در صورتی که آنها را بر خلاف قوانین بیابد با ذکر دلیل برای تجدید نظر به هیأت وزیران بفرستد.

اصل یکصد و سی و نهم:
صلح دعاوی راجع به اموال عمومی و دولتی یا ارجاع آن به داوری در هر مورد، موکول به تصویب هیأت وزیران است و باید به اطلاع مجلس برسد. در مواردی که طرف دعوی خارجی باشد و در موارد مهم داخلی باید به تصویب مجلس نیز برسد. موارد مهم را قانون تعیین می کند.

اصل یکصد و چهلم:
رسیدگی به اتهام رئیس جمهور و معاونان او و وزیران در مورد جرایم عادی با اطلاع مجلس شورای اسلامی در دادگاه های عمومی دادگستری انجام می شود.

제141조

대통령, 대통령 보좌진, 장관, 국가 공무원은 또 다른 공직을 겸직할 수 없고, 자산의 전부나 일부가 정부나 공공기관에 속해 있는 기관에서 일할 수 없으며, 이슬람의회의 의원, 변호사직과 법률자문직, 정부부서나 기관과 연계된 협력사를 제외한 민간 회사의 대표, 총괄 책임자, 이사직을 맡는 것은 금지된다. 대학과 연구기관에서 교육직을 맡는 것은 가능하다.

제142조

최고지도자, 대통령, 대통령 보좌진, 장관, 그리고 이들의 배우자와 자녀의 재산은 법률을 위반하여 증식하지 않았

اصل یکصد و چهل و یکم:
رئیس جمهور، معاونان رئیس جمهور، وزیران و کارمندان دولت نمی توانند بیش از یك شغل دولتی داشته باشند و داشتن هر نوع شغل دیگر در مؤسساتی که تمام یا قسمتی از سرمایه آن متعلق به دولت یا مؤسسات عمومی است و نمایندگی مجلس شورای اسلامی و وکالت دادگستری و مشاوره حقوقی و نیز ریاست و مدیریت عامل یا عضویت در هیأت مدیره انواع مختلف شرکتهای خصوصی، جز شرکتهای تعاونی ادارات و مؤسسات برای آنان ممنوع است. سمتهای آموزشی در دانشگاه ها و مؤسسات تحقیقاتی از این، حکم مستثنی است.

اصل یکصد و چهل و دوم:
دارایی رهبر، رئیس جمهور، معاونان رئیس جمهور، وزیران و همسر و فرزندان آنان قبل و بعد از خدمت،

다는 것을 확인하기 위하여 임기 전후 사법부 수장이 조사한다.

توسط رئیس قوه قضائیه رسیدگی می شود که بر
خلاف حق، افزایش نیافته باشد.

제2절 군과 혁명수비대

제143조

이란 이슬람공화국 군은 국가의 독립, 영토의 보전 및 이슬람공화국 체제 수호의 책임을 진다.

제144조

이란 이슬람공화국 군은 이슬람 사상과 국민을 위한 이슬람 군대이며, 이슬람혁명의 목표에 충실하고 목적을 이루는데 헌신하는 유능한 사람을 징집하여야 한다.

제145조

외국인은 군과 경찰이 될 수 없다.

مبحث دوم- ارتش و سپاه پاسداران انقلاب اسلامی

اصل يكصد و چهل و سوم:
ارتش جمهوری اسلامی ايران پاسداری از استقلال و تماميت ارضی و نظام جمهوری اسلامی كشور را بر عهده دارد.

اصل يكصد و چهل وچهارم:
ارتش جمهوری اسلامی ايران بايد ارتشی اسلامی باشد كه ارتشی مكتبی و مردمی است و بايد افرادی شايسته را به خدمت بپذيرد كه به اهداف انقلاب اسلامی مؤمن و در راه تحقق آن فداكار باشند.

اصل يكصد و چهل و پنجم:
هيچ فرد خارجی به عضويت در ارتش و نيروهای انتظامی كشور پذيرفته نمی شود.

제146조

평화를 목적으로 할 지라도 국내에 모든 형태의 외국군대의 주둔을 일체 금지한다.

제147조

평화시에 정부는 이슬람 정의 규범을 준수하며 군의 전투준비태세에 해를 끼치지 않는 범위에서 구호활동, 교육, 생산, 지하드(Jihad)[52]에 군인과 군의 기술장비를 활용하여야 한다.

제148조

군 장비와 시설을 개인적으로 사용하는 것과 군 병력을 하인, 운전사 등 사적으로 이용하는 것을 일체 금지한다.

اصل يكصد و چهل و ششم:
استقرار هر گونه پايگاه نظامى خارجى در كشور هر چند به عنوان استفاده هاى صلح آميز باشد ممنوع است.

اصل يكصد و چهل و هفتم:
دولت بايد در زمان صلح از افراد و تجهيزات فنى ارتش در كارهاى امدادى، آموزشى، توليدى، و جهاد سازندگى، با رعايت كامل موازين عدل اسلامى استفاده كند در حدى كه به آمادگى رزمى آسيبى وارد نيايد.

اصل يكصد و چهل و هشتم:
هر نوع بهره بردارى شخصى از وسايل و امكانات ارتش و استفاده شخصى از افراد آنها به صورت گماشته، راننده شخصى و نظاير اينها ممنوع است.

제149조

군의 계급 승진과 강등 관련 사항은 법률에 따른다.

제150조

혁명 승리의 초창기에 구성된 이슬람혁명수비대는 혁명의 업적을 수호하기 위하여 존속한다. 다른 군대와 상호 형제적 협력과 화합을 강조하면서 이슬람혁명수비대의 의무와 책임은 법률로 규정한다.

제151조

"너희들이 지닌 모든 힘을 다해, 전마(戰馬)도 이용하여 맞서서 신의 적, 너희의 적, 너희들은 알지 못하나 신은 아시

اصل یکصد و چهل و نهم:
ترفیع درجه نظامیان و سلب آن به موجب قانون است.

اصل یکصد و پنجاهم:
سپاه پاسداران انقلاب اسلامی که در نخستین روزهای پیروزی این انقلاب تشکیل شد، برای ادامه نقش خود در نگهبانی از انقلاب و دستاوردهای آن پابرجا می ماند. حدود وظایف و قلمرو مسئولیت این سپاه در رابطه با وظایف و قلمرو مسئولیت نیروهای مسلح دیگر با تاکید بر همکاری و هماهنگی برادرانه میان آنها به وسیله قانون تعیین می شود.

اصل یکصد و پنجاه و یکم:
به حکم آیه کریمه «و اعدوا لهم مااستطعتم من قوه و من رباط الخیل ترهبون به عدوالله و عدوکم و

는 적, 그들의 마음에 공포를 심어주어라."는 고귀한 계시에 따라[53] 모든 국민이 국가, 이란 이슬람공화국, 체제를 항상 무장 방어할 수 있어야 한다는 이슬람의 규준에 맞게 정부는 모든 국민들에게 군사 훈련 계획과 시설을 제공하여야 한다. 그러나 무기 소지는 관할 당국의 허가를 받아야 한다.

آخرین من دونهم لا تعلمونهم الله یعلمهم» دولت موظف است برای همه افراد کشور برنامه و امکانات آموزش نظامی را بر طبق موازین اسلامی فراهم نماید، به طوری که همه افراد همواره توانايي دفاع مسلحانه از کشور و نظام جمهوری اسلامی ایران را داشته باشند، ولی داشتن اسلحه باید با اجازه مقامات رسمی باشد.

제10장
외교정책

제152조

이란 이슬람공화국의 외교정책은 어떠한 형태든 간에 지배력을 행사하거나 수용하는 것을 거부하고, 전방위적 독립을 유지하고, 전 영토를 수호하고, 모든 무슬림의 권리를 방어하며, 패권적 강대국과 동맹을 맺지 않고, 비호전적인 국가들과 상호 신뢰의 평화적인 관계를 맺는 것을 기조로 삼는다.

제153조

천연자원, 경제, 문화, 군사 및 기타 국정 운영의 외세지배를 초래하는 협정은 금지한다.

فصل دهم:
سیاست خارجی

اصل یکصد و پنجاه و دوم:
سیاست خارجی جمهوری اسلامی ایران بر اساس نفی هر گونه سلطه جویی و سلطه پذیری، حفظ استقلال همه جانبه و تمامیت ارضی کشور، دفاع از حقوق همه مسلمانان و عدم تعهد در برابر قدرت های سلطه گر و روابط صلح آمیز متقابل با دول غیر محارب استوار است.

اصل یکصد و پنجاه و سوم:
هر گونه قرارداد که موجب سلطه بیگانه بر منابع طبیعی و اقتصادی، فرهنگ، ارتش و دیگر شؤون کشور گردد ممنوع است.

제154조

이란 이슬람공화국은 인간 사회 전체에서 인간의 행복을 이상으로 삼고 독립, 자유, 진리와 정의의 통치를 세상 모든 사람들의 권리로 여긴다. 따라서 타국의 내정에 대한 간섭을 일체 금하면서 전 세계 곳곳에서 압제자에 대항하는 억압받는 이들의 정당한 투쟁을 지지한다.

제155조

이란 이슬람공화국 정부는 이란법에 따라 반역자, 범죄자가 아닌 한 정치적 망명을 원하는 사람에게 망명을 허락할 수 있다.

اصل یکصد و پنجاه و چهارم:
جمهوری اسلامی ایران سعادت انسان در کل جامعه بشری را آرمان خود می داند و استقلال و آزادی و حکومت حق و عدل را حق همه مردم جهان می شناسد. بنا بر این در عین خودداری کامل از هر گونه دخالت در امور داخلی ملتهای دیگر، از مبارزه حق طلبانه مستضعفین در برابر مستکبرین در هر نقطه از جهان حمایت می کند.

اصل یکصد و پنجاه و پنجم:
دولت جمهوری اسلامی ایران می تواند به کسانی که پناهندگی سیاسی بخواهند پناه دهد مگر این که بر طبق قوانین ایران خائن و تبهکار شناخته شوند.

제11장
사법부

제156조

사법부는 개인과 사회의 권리를 보호하는 독립된 권력기관으로, 정의를 구현하는 책임을 지며 다음과 같은 임무를 수행한다.

1. 소송, 위반, 불평 조사와 판결, 소송 해결, 분쟁 해소, 법규정에 따른 개인지위 관련 조치를 취한다.
2. 공공의 권리 회복 및 정의와 법적 자유 증진.
3. 적절한 법 집행 감독.
4. 범죄 적발, 범죄자 기소와 처벌, 형 집행, 이슬람 형법상 구성요건과 형량[54]정립.
5. 범죄 재발 방지 및 범죄자 교화를 위한 적절한 조치.

فصل یازدهم:
قوه قضائیه

اصل یکصد و پنجاه و ششم:
قوه قضائیه قوه ای است مستقل که پشتیبان حقوق فردی و اجتماعی و مسئول تحقق بخشیدن به عدالت و عهده دار وظایف زیر است:
۱ - رسیدگی و صدور حکم در مورد تظلمات، تعدیات، شکایات، حل و فصل دعاوی و رفع خصومات و اخذ تصمیم و اقدام لازم در آن قسمت از امور حسبیه، که قانون معین می کند.
۲ - احیای حقوق عامه و گسترش عدل و آزادیهای مشروع.
۳ - نظارت بر حسن اجرای قوانین.
۴ - کشف جرم و تعقیب مجازات و تعزیر مجرمین

第157조

모든 사법, 행정, 집행 분야에서 사법부의 역할을 수행하기 위하여 최고지도자는 공평하고 법률 지식이 뛰어나며, 신중하고 행정력이 있는 이슬람법 전문가(모즈타헤드)[55]를 5년 임기의 사법부 수장으로 임명한다.

第158조

사법부 수장의 의무는 다음과 같다.

1. 第156조에 규정된 책임에 따라 사법부에 필요한 조직을 구성.
2. 이슬람공화국에 맞는 사법 법안을 제안.

و اجرای حدود و مقررات مدون جزایی اسلام.
۵ - اقدام مناسب برای پیشگیری از وقوع جرم و اصلاح مجرمین.

اصل یکصد و پنجاه و هفتم:
به منظور انجام مسئولیت های قوه قضائیه در کلیه امور قضایی و اداری و اجرایی مقام رهبری یك نفر مجتهد عادل و آگاه به امور قضایی و مدیر و مدبر را برای مدت پنج سال به عنوان رئیس قوه قضائیه تعیین می نماید که عالیترین مقام قوه قضائیه است.

اصل یکصد و پنجاه و هشتم:
وظایف رئیس قوه قضائیه به شرح زیر است:
۱ - ایجاد تشکیلات لازم در دادگستری به تناسب مسئولیت های اصل یکصد و پنجاه و ششم.
۲ - تهیه لوایح قضایی متناسب با جمهوری اسلامی.

3. 법에 따른 공정하고 유능한 법관 고용, 해임, 임명, 보직 변경, 업무 지정, 승진, 기타 행정업무.

제159조

법원은 모든 불평과 불만을 다루는 공식기관이다. 각급 법원의 구성과 관할은 법률로 규정한다.

제160조

법무부 장관은 사법부와 행정부, 입법부 간 서로 관련된 업무를 처리하고, 사법부 수장이 대통령에게 추천한 인물 중에서 임명된다. 사법부 수장은 재정과 행정 전권과 법관 외의 인원 채용 권한을 법무부 장관에 위임할 수 있다. 이 경우 법무부 장관은 법규정에 따라 최고 행정권자로서 다른 장관들이 지닌 것과 같은 권한과 책임을 갖는다.

۳ – استخدام قضات عادل و شایسته و عزل و نصب آنها و تغییر محل مأموریت و تعیین مشاغل و ترفیع آنان و مانند اینها از امور اداری، طبق قانون.

اصل یکصد و پنجاه و نهم:
مرجع رسمی تظلمات و شکایات، دادگستری است. تشکیل دادگاه ها و تعیین صلاحیت آنها منوط به حکم قانون است.

اصل یکصد و شصتم:
وزیر دادگستری مسئولیت کلیه مسائل مربوطه به روابط قوه قضائیه با قوه مجریه و قوه مقننه را بر عهده دارد و از میان کسانی که رئیس قوه قضائیه به رئیس جمهور پیشنهاد می کند انتخاب می گردد. رئیس قوه قضائیه می تواند اختیارات تام مالی و اداری و نیز اختیارات استخدامی غیر قضات را به

제161조

법원에서 법이 바르게 집행되는지 감독하고, 사법 절차의 통일성을 확보하며, 법에 따른 책임을 수행하는 것을 목표로 하는 대법원은 사법부 수장이 승인한 규정에 따라 구성된다.

제162조

대법원장과 검찰총장은 공정하고 법률 지식이 뛰어난 이슬람법 전문가(모즈타헤드)여야 한다. 이들은 사법부 수장이 대법원 법관들과 협의를 거쳐 5년 임기로 임명한다.

وزیر دادگستری تفویض کند. در این صورت وزیر دادگستری دارای همان اختیارات و وظایفی خواهد بود که در قوانین برای وزراءء به عنوان عالیترین مقام اجرايي پیش بینی می شود.

اصل یکصد و شصت و یکم:
دیوان عالی کشور به منظور نظارت بر اجرای صحیح قوانین در محاکم و ایجاد وحدت رویه قضايي و انجام مسئولیتهایي که طبق قانون به آن محول می شود بر اساس ضوابطی که رئیس قوه قضائیه تعیین می کند تشکیل می گردد.

اصل یکصد و شصت و دوم:
رئیس دیوان عالی کشور و دادستان کل باید مجتهد عادل و آگاه به امور قضايي باشند و رئیس قوه قضائیه با مشورت قضات دیوان عالی کشور آنها را

제163조

법관의 자질과 조건은 이슬람법학[56]의 규준에 따라 법률로 규정한다.

제164조

법관은 해임의 원인이 되는 비위가 증명되거나 유죄 판결을 받지 않은 상태에서는 일시적으로나 영구적으로 해임되지 않는다. 해당 법관의 동의 없이 보직을 변경할 수 없으며, 공익을 위한 것으로서 사법부 수장이 대법원장 및 검찰총장과 협의를 한 후에만 예외적으로 가능하다. 법관의 정기 보직 이동은 법률 규정에 따른다.

برای مدت پنج سال به این سمت منصوب می کند.

اصل یکصد و شصت و سوم:
صفات و شرایط قاضی طبق موازین فقهی به وسیله قانون معین می شود.

اصل یکصد و شصت و چهارم:
قاضی را نمی توان از مقامی که شاغل آن است بدون محاکمه و ثبوت جرم یا تخلفی که موجب انفصال است به طور موقت یا دایم منفصل کرد یا بدون رضای او محل خدمت یا سمتش را تغییر داد مگر به اقتضای مصلحت جامعه با تصمیم رئیس قوه قضائیه پس از مشورت با رئیس دیوان عالی کشور و دادستان کل. نقل و انتقال دوره ای قضات بر طبق ضوابط کلی که قانون تعیین می کند صورت می گیرد.

제165조

재판은 공개하고 일반 대중이 제한 없이 참석할 수 있어야 한다. 다만, 공개재판이 공공도덕이나 공공질서에 위배된다고 법원이 판단하거나 개인간 분쟁으로 양측이 공개되기를 원하지 않는다고 법원에 요청하는 경우에는 비공개할 수 있다.

제166조

법원의 판결은 근거가 되는 법률 조항과 법원칙에 따라 논리적으로 구성되고 입증되어야 한다.

제167조

법관은 성문법에 따라 판결을 내리도록 노력하여야 한다. 만일 그렇지 못할 경우에는 권위 있는 이슬람 문헌이나 권위 있는 판결에 따라 판결을 내린다. 성문법 규정의 부재, 규정내용의 결함, 간결성, 모순을 구실로 사건 심리와

اصل یکصد و شصت و پنجم:
محاکمات، علنی انجام می شود و حضور افراد بلامانع است مگر آن که به تشخیص دادگاه، علنی بودن آن منافی عفت عمومی یا نظم عمومی باشد یا در دعاوی خصوصی طرفین دعوا تقاضا کنند که محاکمه علنی نباشد.

اصل یکصد و شصت و ششم:
احکام دادگاه ها باید مستدل و مستند به مواد قانون و اصولی باشد که بر اساس آن حکم صادر شده است.

اصل یکصد و شصت و هفتم:
قاضی موظف است کوشش کند حکم هر دعوا را در قوانین مدونه بیابد و اگر نیابد با استناد به منابع معتبر اسلامی یا فتاوای معتبر، حکم قضیه را صادر نماید و نمی تواند به بهانه سکوت یا نقص یا اجمال یا

판결을 거부할 수 없다.

제168조

정치와 언론 범죄 조사는 배심원이 출석한 가운데 법정에서 공개적으로 이루어진다. 배심원 선택, 자격, 권한 및 정치범죄의 정의는 이슬람의 규준에 따라 법률로 규정한다.

제169조

행위 당시 법률에 범죄로 규정하지 아니한 행위 또는 행위의 불이행은 이후에 제정된 법을 소급 적용하여 소추할 수 없다.

تعارض قوانین مدونه از رسیدگی به دعوا و صدور حکم امتناع ورزد.

اصل یکصد و شصت و هشتم:
رسیدگي به جرایم سیاسی و مطبوعاتی علنی است و با حضور هیأت منصفه در محاکم دادگستری صورت می گیرد. نحوه انتخاب، شرایط، اختیارات هیأت منصفه و تعریف جرم سیاسی را قانون بر اساس موازین اسلامی معین می کند.

اصل یکصد و شصت و نهم:
هیچ فعلی یا ترك فعلی به استناد قانونی که بعد از آن وضع شده است جرم محسوب نمی شود.

제170조

법관은 법률이나 이슬람 규정에 위배되거나 행정부 권한을 넘어서는 정부의 법령이나 규정을 적용해서는 안된다. 누구든지 행정법원에 이러한 법령이나 규정의 폐기를 요청할 수 있다.

제171조

법관의 해석, 또는 법관이 배당사건, 법이나 특정 사건 판결에서 한 실수 때문에 물질적으로나 정신적으로 손실을 입은 사람이 있다면, 유죄인 경우는 이슬람의 규준에 따라 해당 법관이 배상해야 한다. 그렇지 않은 경우 국가가 손해를 보상한다. 어떤 경우든 간에 피고인의 명예는 회복되어야 한다.

اصل یکصد و هفتادم:

قضات دادگاه ها مکلفند از اجرای تصویب نامه ها و آیین نامه های دولتی که مخالف با قوانین و مقررات اسلامی یا خارج از حدود اختیارات قوه مجریه است خودداری کنند و هر کس می تواند ابطال این گونه مقررات را از دیوان عدالت اداری تقاضا کند.

اصل یکصد و هفتاد و یکم:

هر گاه در اثر تفسیر یا اشتباه قاضی در موضوع یا در حکم یا در تطبیق حکم بر مورد خاص، ضرر مادی یا معنوی متوجه کسی گردد، در صورت تقصیر، مقصر طبق موازین اسلامی ضامن است و در غیر این صورت خسارت به وسیله دولت جبران می شود، و در هر حال از متهم اعاده حیثیت می گردد.

제172조

군, 경찰, 이슬람혁명수비대 구성원의 군사 또는 보안업무와 관련된 범죄 조사를 위하여 법률에 따라 군사법원을 설치한다. 그러나 이들의 일반범죄나 법집행관으로서 업무를 수행할 때 행한 범죄는 일반법원에서 조사한다. 군 검찰과 군사법원은 사법부의 일부이고 사법부를 규율하는 원칙에 따라 규율된다.

제173조

정부의 관리(官吏), 조직, 규정에 관한 국민의 불평, 불만, 항의를 조사하고 국민의 권리를 실현하기 위하여 '행정법원'을 설치하여 사법부 수장의 감독 하에 둔다. 행정법원의 관할, 권한과 운영은 법률로 정한다.

اصل یکصد و هفتاد و دوم:
برای رسیدگی به جرایم مربوط به وظایف خاص نظامی یا انتظامی اعضاء ارتش، ژاندارمری، شهربانی و سپاه پاسداران انقلاب اسلامی، محاکم نظامی مطابق قانون تشکیل می گردد، ولی به جرایم عمومی آنان یا جرایمی که در مقام ضابط دادگستری مرتکب شوند در محاکم عمومی رسیدگی می شود. دادستانی و دادگاه های نظامی، بخشی از قوه قضائیه کشور و مشمول اصول مربوط به این قوه هستند.

اصل یکصد و هفتاد و سوم:
به منظور رسیدگی به شکایات، تظلمات و اعتراضات مردم نسبت به مأمورین یا واحدها یا آیین نامه های دولتی و احقاق حقوق آنها، دیوانی به نام «دیوان عدالت اداری» زیر نظر رئیس قوه قضائیه تأسیس می گردد. حدود اختیارات و نحوه عمل این

제174조

사법부가 지닌 행정부서의 올바른 일처리와 적절한 법 집행 감독권을 바탕으로, 사법부 수장의 감독 하에 '국가 감사기관'을 설치한다. 이 기관의 권한과 의무는 법률로 규정한다.

دیوان را قانون تعیین می کند.

اصل یکصد و هفتاد و چهارم:
بر اساس حق نظارت قوه قضائیه نسبت به حسن جریان امور و اجرای صحیح قوانین در دستگاه های اداری سازمانی به نام «سازمان بازرسی کل کشور» زیر نظر رئیس قوه قضائیه تشکیل می گردد. حدود اختیارات و وظایف این سازمان را قانون تعیین می کند.

제12장
라디오와 텔레비전

제175조

이슬람의 규준과 국익을 준수하는 한도 내에서, 라디오와 텔레비전 방송을 통한 표현의 자유와 사상의 전파를 보장한다. 이란 이슬람공화국의 방송국 대표는 최고지도자가 임명하고 해임한다. 대통령, 사법부 수장, 이슬람의회 의장이 지명한 대표들(각각 2명씩)로 구성된 위원회가 이 기관을 감독한다. 기관의 정책, 운영, 감독은 법률로 규정한다.

فصل دوازدهم:
صدا و سیما

اصل یکصد و هفتاد و پنجم:

در صدا و سیمای جمهوری اسلامی ایران، آزادی بیان و نشر افکار با رعایت موازین اسلامی و مصالح کشور باید تأمین گردد. نصب و عزل رئیس سازمان صدا و سیمای جمهوری اسلامی ایران با مقام رهبری است و شورایی مرکب از نمایندگان رئیس جمهور و رئیس قوه قضائیه و مجلس شورای اسلامی (هر کدام دو نفر) نظارت بر این سازمان خواهند داشت. خط مشی و ترتیب اداره سازمان و نظارت بر آن را قانون معین می کند.

제13장
국가안보최고위원회

제176조

국익을 보호하고 이슬람혁명, 영토보전, 국권수호를 위하여 대통령이 주관하는 국가안보최고위원회가 구성되어 다음과 같은 책무를 지닌다.

1. 최고지도자가 승인한 전반적인 정책의 테두리 내에서 국가방위와 안보정책을 결정.
2. 방위와 안보 전반에 관련된 정치 · 정보 · 사회 · 문화 · 경제 활동을 조율.
3. 국내 · 외 위협에 맞서기 위하여 국가의 물질적 · 정신적 자원을 활용.

فصل سیزدهم:
شورای عالی امنیت ملی

اصل یکصد و هفتاد و ششم:
به منظور تأمین منافع ملی و پاسداری از انقلاب اسلامی و تمامیت ارضی و حاکمیت ملی «شورای عالی امنیت ملی» به ریاست رئیس جمهور، با وظایف زیر تشکیل می گردد.

۱ - تعیین سیاستهای دفاعی - امنیتی کشور در محدوده سیاستهای کلی تعیین شده از طرف مقام رهبری.

۲ - هماهنگ نمودن فعالیت های سیاسی، اطلاعاتی، اجتماعی، فرهنگی و اقتصادی در ارتباط با تدابیر کلی دفاعی - امنیتی.

۳ - بهره گیری از امکانات مادی و معنوی

위원회의 구성원은 다음과 같다:

삼부[57] 수장

군 참모총장

기획예산 책임자

최고지도자가 임명한 대표 2인

외교부 장관

내무부 장관

정보부 장관

관련 부서 장관 및 군과 혁명수비대 최고위 당국자.

국가안보최고위원회는 소관 업무에 따라 국방위원회, 국가안보위원회와 같은 소위원회를 둔다. 이들 소위원회의 의장은 대통령이나 대통령이 지명한 국가안보최고위원회의 위원 중 한 명이 맡는다. 소위원회의 권한과 의무는 법률이 정하고 국가안보최고위원회가 소위원회 구성을 승인

کشور برای مقابله با تهدیدهای داخلی و خارجی.
اعضاءی شورا عبارتند از: - رؤسای قوای سه
گانه - رئیس ستاد فرماندهی کل نیروهای مسلح
- مسئول امور برنامه و بودجه - دو نماینده به
انتخاب مقام رهبری - وزرای امور خارجه،
کشور، اطلاعات - حسب مورد وزیر مربوط و
عالیترین مقام ارتش و سپاه.
شورای عالی امنیت ملی به تناسب وظایف خود
شوراهای فرعی از قبیل شورای دفاع و شورای
امنیت کشور تشکیل می دهد. ریاست هر یك از
شوراهای فرعی با رئیس جمهور یا یکی از اعضاءی
شورای عالی است که از طرف رئیس جمهور تعیین
می شود. حدود اختیارات و وظایف شوراهای
فرعی را قانون معین می کند و تشکیلات آنها به
تصویب شورای عالی می رسد. مصوبات شورای
عالی امنیت ملی پس از تأیید مقام رهبری قابل

한다. 국가안보최고위원회 결정은 최고지도자가 승인하면 효력을 발휘한다.

제177조는 1368년(1989년) 헌법 개정에 따라 부가되었다.

اجراست.

اصل یکصد و هفتاد و ششم به موجب اصلاحاتی که در سال ۱۳۶۸ نسبت به قانون اساسی صورت گرفته، به این قانون الحاق شده است.

제14장
헌법개정

제177조

이란 이슬람공화국의 헌법 개정은 필요한 경우 다음과 같은 방식으로 이루어진다.

최고지도자는 체제공익판별위원회와 협의한 후 대통령에게 헌법개정위원회가 수행할 헌법 개정이나 조항 부가에 관한 칙령을 대통령에게 송부한다. 헌법개정위원회는 다음과 같이 구성된다.

1. 헌법수호위원회 위원
2. 삼부 수장
3. 체제공익판별위원회 당연직 위원

فصل چهاردهم:
بازنگری در قانون اساسی

اصل یکصد و هفتاد و هفتم:
بازنگری در قانون اساسی جمهوری اسلامی ایران، در موارد ضروری به ترتیب زیر انجام می گیرد:
مقام رهبری پس از مشورت با مجمع تشخیص مصلحت نظام طی حکمی خطاب به رئیس جمهور موارد اصلاح یا تتمیم قانون اساسی را به شورای بازنگری قانون اساسی با ترکیب زیر پیشنهاد می نماید:

۱ - اعضای شورای نگهبان.
۲ - رؤسای قوای سه گانه.
۳ - اعضای ثابت مجمع تشخیص مصلحت نظام.

4. 최고지도자전문가의회 의원 중 5인

5. 지도자가 선정한 대표 10인

6. 국무회의 대표 3인

7. 사법부 대표 3인

8. 이슬람의회 의원 중 대표 10인

9. 대학교수 대표 3인

헌법개정위원회의 운영방식, 선출방식, 조건은 법률로 정한다.

최고지도자의 승인과 서명 후 헌법개정위원회의 결정은 국민투표에서 절대 다수의 동의를 얻어야 한다. 헌법 개정을 위한 국민투표의 경우 제59조는 적용되지 않는다.

이슬람 체제, 이슬람의 규준에 근거한 모든 법과 규정, 신앙의 근간, 이란 이슬람공화국의 목적, 정부의 공화국 성격, 신(神)의 통치 및 공동체에 대한 종교적 지도, 국민투표를 바탕으로 한 국가 경영, 이란의 공식 신앙 및 종교와

۴ – پنج نفر از اعضای مجلس خبرگان رهبری.
۵ – ده نفر به انتخاب مقام رهبری.
۶ – سه نفر از هیأت وزیران.
۷ – سه نفر از قوه قضائیه.
۸ – ده نفر از نمایندگان مجلس شورای اسلامی.
۹ – سه نفر از دانشگاهیان.

شیوه کار و کیفیت انتخاب و شرایط آن را قانون معین می کند. مصوبات شورا پس از تأیید و امضای مقام رهبری باید از طریق مراجعه به آراء عمومی به تصویب اکثریت مطلق شرکت کنندگان در همه پرسی برسد. رعایت ذیل اصل پنجاه و نهم در مورد همه پرسی «بازنگری در قانون اساسی» لازم نیست. محتوای اصول مربوط به اسلامی بودن نظام و ابتنای کلیه قوانین و مقررات بر اساس موازین اسلامی و پایه های ایمانی و اهداف جمهوری اسلامی ایران و

관련된 헌법 조항의 내용은 변경할 수 없다.

제177조는 1368년(1989년) 헌법 개정에 따라 부가되었다.

جمهوری بودن حکومت و ولایت امر و امامت امت و نیز اداره امور کشور با اتکاء به آراء عمومی و دین و مذهب رسمی ایران تغییر ناپذیر است.

اصل یکصد و هفتاد و هفتم به موجب اصلاحاتی که در سال ۱۳۶۸ نسبت به قانون اساسی صورت گرفته، به این قانون الحاق شده است.

주석

이란 이슬람공화국 헌법

1 알라는 이슬람교에서 유일신을 뜻하는 아랍어다. 이란 이슬람공화국 헌법에서는 코란을 인용하거나 전통적인 무슬림 기도문이나 관용구를 아랍어로 표현할 때는 알라라는 칭호를 쓴다. 그러나 그 외에는 페르시아어에서 유일신을 뜻하는 호다반드(Khodavand)를 사용한다. 따라서 본 헌법 번역문에서는 통일성을 기하기 위하여 아랍어 알라나 페르시아어 호다반드를 모두 신으로 번역한다. 다만 유일신으로 써야 의미가 더 잘 통할 경우에는 신 대신 유일신으로 번역하였다.

2 사도(使徒)는 아랍어 라술의 번역어다. 이슬람교에서 신이 인간을 올바르게 인도하라고 가르침을 주어 보낸 사람을 가리키는 말이다. 코란에서 단수로는 236번, 복수로는 95번 사용된다. 같은 어원에서 나온 무르살도 36번 나온다. 코란은 노아, 롯, 이스마일, 모세, 예수, 슈아입, 후드, 살리흐, 무함마드를 사도(라술)로 부른다. 무르살이라는 용어가 적용되는 엘리야(일야스), 요나(유누스)도 사도다.

3 유대교의 토라, 그리스도교의 성서, 이슬람교의 코란과 같이 유일신의 가르침을 담은 책.

4 코란 57장 25절.

5 본문 원어는 움마(Ummah). 페르시아어 발음은 옴마(Ommah). 그리스도교의 교회처럼 보편적인 이슬람 공동체를 움마라고 한다.

6 서양력 1962년.

7 1342년은 1963년이다. 호르다드(Khordad)는 이란 이슬람양력의 3번째 달 이름. 31일로 구성되고, 서양력으로는 5월 21일부터 6월 20일이다.

8 곰(Qom) 소재 신학교. 호메이니가 가르친 곳이다.

9 벨라야테 파끼흐(Velayat-e Faqih). 사라진 12번째 이맘이 재림할 때까지 정의롭고 이슬람 법 지식을 온전히 갖춘 이슬람법 전문가가 통치하는 것을 뜻한다. 이란 헌법에는 법을 다루는 사람을 이슬람법 전문가와 일반 법률가 둘로 나눈다. 전자는 말 그대로 이슬람법에 능통한 법률가이고, 후자는 일반 법을 다루는 전문가다. 이슬람법 전문가로 옮긴 말은 아랍어에서 차용한 페르시아어 단어로 파끼흐(복수 푸까하), 모즈타헤드다. 어원으로 보면 파끼흐는 이슬람법을 이해하는 사람, 모즈타헤드는 법을 해석하기 위해 노력(이즈티하드)하는 사람을 가리키지만, 사실상 둘은 서로 같은 말이다. 즉 파끼흐가 모즈타헤드다. 이들은 이슬람법을 해석하고 법적 판단을 내릴 수 있는 자격을 갖춘 사람들이다. 굳이 번역어를 이슬람법 전문가로 한 것은 학자와 전문가가 다르기 때문이다. 이슬람법학자는 이슬람법을 공부하는 사람 누구에게나 붙일 수 있는 말이지만, 새로운 상황에 맞는 이슬람법을 법의 원천에서 해석하고 추출하여 적용하는 일을 모든 이슬람법학자가 할 수 있는 것은 아니기 때문에 일반 이슬람법학자와 차별을 두기 위해 이슬람법 전문가로 번역하였다. 즉 이슬람법학자가 모두 이슬람법 전문가일 수는 없다. 이들은 현대 이란에서 호우제라고 불리는 종교교육기관에서 교육을 받는다. 반면 헌법에서 법률가로 번역한 사람은 이슬람법이 아니라 일반 법을 공부하고 잘 아는 전문가를 뜻한다. 이들은 현대 이란의 법대에서 교육을 받는다. 이러한 법률가 중 이슬람법 이해도가 높은 신실한 무슬림이 헌법수호위원회 위원으로 선출된다.

10 1978년 1월 7일. 데이월은 이란 이슬람양력에서 10번째 달로 서양력으로는 12월 22일에서 1월 20일까지다.

11 이란의 공식 화폐단위.

12 1979년 2월 12-13일.

13 이슬람 신앙의 모범으로 존경하며 따르는 이슬람법 전문가.

14 아랍어로는 우스와(Uswah). 코란에 사용된 말로 모범을 의미한다. 코란 33장 21절: "신과 최후의 심판에 희망을 걸고 신을 기억하는 이들에게 신의 사도가 아름다운 모범이나니."

15 코란 21장 92절.

16 코란 7장 157절.

17 코란 21장 105절.

18 이란의 공식 종교인 시아 이슬람에 따르면 순나는 예언자와 이맘의 언행을 뜻한다.

19 코란 3장 28절.

20 코란 28장 5절.

21 벨라야테 아므르 바 이마마테 모스타메르(Velayat-e va Imamat-e mostamer)

22 코란 8장 60절.

23 코란 4장 58절.

24 코란 2장 143절.

25 1979년 헌법은 12장 175조다. 그러나 1989년에 개정헌법은 14장 177조다. 개정 내용이 서문에 반영되지 않았다.

26 아랍어로는 주마다 알 아으왈(Jumada al-Awwal). 이슬람음력으로 5번째 달.

27 이슬람의 첫 번째 신앙고백문.

28 시아 이슬람에서는 예언자 무함마드, 예언자의 딸 파티마, 12명의 이맘을 흠 없는 이들이라고 부른다. 죄를 지을 수 있음에도 불구하고 죄를 짓지 않은 사람들이라는 의미다. 흠 없는 이들의 전통이란 무함마드와 이맘의 언행을 기록한 하디스(hadith), 즉 전승을 의미한다.

29 아랍어. 페르시아어 발음으로는 에즈테하드. 투쟁하다, 노력하다라는 뜻을 지닌 아랍어 자하다에서 파생한 동명사로 투쟁함, 노력함이라는 뜻을 지닌다. 이슬람법에서는 이슬람법 전문가가 기존 판례가 없는 상황에서 법률 지식을 총동원하여 문제를 해결하는 이성적인 노력을 의미한다.

30 12번째 이맘의 출현을 바라는 기원문. 시대의 주는 12번째 이맘을 가리킨다.

31 가이바(Ghayba). 12이맘파 시아 사상에서 12번째 이맘은 죽지 않고 사라져 세인들이 모르는 곳에 존재하고 있다가 세상에 불의가 가득 찰 때 정의를 구현하고자 재림한다.

32 벨라야테 아므르 바 이마마테 옴마트 (Velayat-e va Imamat-e ommat).

33 코란 42장 38절.

34 코란 3장 159절.

35 코란 9장 71절.

36 코란 21장 92절.

37 코란 60장 8절.

38 서력 622년 무함마드가 고향 메카에서 메디나로 이주한 것을 의미한다. 헤즈라(hejra)는 이주라는 의미의 아랍어 히즈라(hijra)를 페르시아식으로 발음한 것.

39 녹색, 흰색, 붉은색 삼색줄은 1906년에 도입되었다. 녹색과 흰색, 흰색과 붉은색 줄이 만나는 부분에 '알라후 아크바르(신은 위대하시다)'라는 아랍어 문구가 쿠파(Kufah)체로 각각 11번씩 모두 22번 쓰였는데, 22는 이슬람혁명으로 파흘라비 왕조를 붕괴한 1357년 바흐만(Bahman)월 22일을 뜻한다. 국기에서 흰색 바탕 가운데 붉은 문양과 문장의 검정색 문양은 모두 신을 의미하는 아랍어 알라를 예술적으로 형상화하였다.

40 Velayat-e Amr va Imamat-e Omma. 이맘의 권위와 인도. 지도자를 의미한다.

41 원문 용어는 호두데 엘라히야(Hodud-e Elahiyya).

42 이란에서는 국회를 이슬람의회라고 부른다.

43 1989년.

44 현재 정원은 290명이다.

45 앗시리아 그리스도교회는 동방성(聖)사도(使徒)가톨릭교회(The Holy Apostolic Catholic Assyrian Church of the East)를 가리킨다. 칼데아 그리스도교회(The Chaldean Catholic Church)는 앗시리아 그리스도교회에서 나와 로마카톨릭교회와 일치를 이룬 그리스도교회다.

46 여기서 의회란 국회인 이슬람의회 외의 각종 의회를 말한다.

47 원문에는 최고라는 말 없이 지도자이나 최고지도자로 번역함.

48 이슬람법적 의견

49 이슬람의회와 헌법수호위원회간 이견을 조정하는 기관. 국정조정위원회라는

이름으로 알려져 있으나 원어에 충실하게 번역한다.

50 세 권력기관인 행정부, 사법부, 입법부를 가리킨다.

51 헌법에서 대통령은 항상 공화국 대통령으로 부르고 있다. 편의상 대통령으로 번역한다.

52 투쟁, 노력을 의미하는 아랍어.

53 코란 8장 60절.

54 아랍어로는 후두드(Hudud). 고정(固定)형 처벌로, 간통, 살인, 배교 등 신에 대한 범죄를 다루는 형벌. 처벌이 코란과 전통에 따라 참수, 십자가형, 투석, 태형, 손목 절단 등 고정형의 처벌이 적용된다.

55 아랍어로는 무즈타히드. 스스로 권위 있는 법적인 견해를 낼 수 있는 이슬람법 전문가.

56 페끄흐(Feqh). 아랍어로는 피끄흐(Fiqh).

57 행정부, 사법부, 입법부.

이란 이슬람공화국,

이슬람과 민주주의가 만나는 문화대국

※ 일러두기

페르시아어에는 아랍어에서 온 단어가 많은데, 발음법이 다소 다르다. 이 글에서는 페르시아의 발음대로 표기하되, 아랍어 발음으로 널리 알려진 용어는 페르시아어 발음을 먼저 쓴 후 괄호 안에 병기하였다. 오늘날 수도 테헤란을 중심으로 페르시아어 장음 '알레프'를 '어'에 가깝게 발음한다. 이를테면 이란의 시성 하페즈는 허페즈, 이란도 이런이나 이룬으로 발음한다. 이러한 방식을 따를 경우 인식의 혼란을 야기하므로 장음 '알레프'를 '아'로 표기한다.

Ⅰ. 개관

국명	이란 이슬람공화국(Islamic Republic of Iran, Jomhuri-ye Eslami-ye Iran)
최고 통치자	최고지도자: 국민직선으로 구성된 최고지도자전문가의회에서 선출. 1. 대아야톨라 이맘 호메이니(1979-1989) 2. 대아야톨라 알리 호세이니 하메네이(1989-현재) 대통령: 최고지도자 다음으로 권력 2위. 국민직선, 임기 4년. 1. 아볼 하산 바니 사드르(1980-1981): 탄핵 2. 모함마드 알리 라자이(1981): 바니 사드르 탄핵 후 선출됨. 암살. 3-4. 알리 호세이니 하메네이(1981-1989) 5-6. 아크바르 하셰미 라프산자니(1889-1997) 7-8. 모함마드 하타미(1997-2005) 9-10. 마흐무드 아흐마디네자드(2005-2013) 11-12. 하산 루하니(2013-현재)
정부형태	이슬람 민주정: 이슬람법 전문가의 통치와 민주주의의 혼합형태.
삼권분립	행정부는 대통령, 입법부는 의장, 사법부는 사법부 수장이 관장함.
입법부	국회의 공식명칭은 이슬람의회임. 국민직선으로 뽑힌 290명의 의원이 4년 임기의 의정활동을 함. 290석 중 5석은 소수종교에 할당함(조로아스터교, 유대교 각 1명, 아시리아와 칼데아 그리스도교는 합쳐서 1명, 아르메니아 그리스도교는 남북에서 각각 1명씩 모두 2명) .
수도	테헤란
혁명 기념일	1979년 2월 11일(이슬람혁명 기념일)

면적	1,648,195 ㎢
인구	79,926,270 명(2016년인구조사기준) 남성: 51%(40,498,442) 여성: 49%(39,427,828) 출처: 이란정부 통계센터
국어(공용어)	페르시아어(공용어)외에 아제르바이잔어, 쿠르드어, 길라크어, 마잔다란어, 루르어, 발로치어, 아랍어 등이 쓰임. 문자해독률: 94.7%(2016 이란정부 통계센터)
종교	이슬람교 시아파(공식 종교). 조로아스터교, 유대교, 그리스도교 등 타종교 인정. 2011년 인구조사에 따른 종교인구 비율: 무슬림(99.4%), 그리스도교(0.15%), 조로아스터교(0.03%), 유대교(0.01%), 기타(0.06%), 미상(0.35%).
주요 산업	석유와 천연가스를 생산하는 에너지 산업이 중심. 확인매장량 기준 석유 세계 3위, 가스 세계 2위(출처: 2016 OPEC 연례보고서) 석유화학, 비료, 통신, 가성소다, 자동차, 의약, 직물, 건설자재, 금속, 음식가공 등.
주요경제지표	국내총생산(GDP): 4,253억 달러(2015년 세계은행) 성장률: 1.0%(2015년 이란 정부 통계센터) 인플레이션: 7.1%(2017년 4월 21일 - 5월 21일. 이란정부 통계센터) 수출액: 34,230,706,235 달러(석유 제외. 2012 이란정부 통계센터) 수입액: 57,118,427,340 달러(2012 이란정부 통계센터)
1인당 GDP(PPP)	17,388 달러(2014년 세계은행) 16,581 달러(2013년 세계은행)
실업률	2016년 여름(6/21-9/21): 12.7% (이란정부 통계센터)

화폐 단위	리알(Rial)(통화표기: IR). 일상 생활에서는 토만(Toman)이 주로 쓰임. 1토만은 10리알.
기후	온대습윤성기후, 지중해성기후, 내륙성기후.
국기와 국장	이란의 국기는 이슬람혁명 직후인 1980년 7월 29일 채택됨. 녹색, 흰색, 붉은색의 삼색 줄은 1906년에 도입되었다. 녹색과 흰색, 흰색과 붉은색 줄이 만나는 부분에 '알라후 아크바르(신은 위대하시다)'라는 아랍어 문구가 쿠파(Kufah)체로 각각 11번씩 모두 22번 쓰였는데, 22는 이슬람혁명으로 파흘라비 왕조를 붕괴한 1357년 바흐만(Bahman)월 22일을 뜻한다. 국기에서 흰색 바탕 가운데 붉은 문양과 문장의 검정색 문양은 모두 신을 의미하는 아랍어 알라를 예술적으로 형상화하였다.
한-이란 관계	1962년 10월 23일 외교관계 수립.

1. 이란이라는 말

이란이라는 국호의 어원은 아리안(Aryan)이다. 나그셰 로스탐(Naqsh-e Rostam)에 있는 기원전 5세기 다리우쉬(Dariush, Darius, 재위 기원전 522-486) 1세 비문은 다음과 같이 적고 있다.

"나는 다리우쉬, 위대한 왕, 왕 중의 왕. 제국(諸國)과 제민(諸民)의 왕. 이 너른 땅의 왕. 하하마네쉬(Hakhamanesh, Achaemenes) 왕조 위쉬타스파(Wishtaspa)의 아들. 페르시아의 아들인 페르시아인. 아리안족에서 나온 아리안."

아리안족은 인도-유럽어족으로 중앙아시아의 고대 소그드(Sogd) 지역에서 거주하다가 기원전 약 2000년경에 오늘날 이란과 인도지역으로 이주한 것으로 추정된다.[1] 아리안은 선주민을 복속하고 아리안이라는 말을 계급적 용어로 사용한 인도의 아리안족과는 달리 이란 아리안족은 고대 이란어에서 아리안을 종족의 이름으로만 사용한 것으로 보아 이란에는 아리안족 이전에 먼저 살고 있던 주민이 없었던 것 같다. 전통적으로 이란은 페르시아로 불려왔다. 페르시아는 고대 그리스어 페르시스(Persis)에서 나온 말이다. 이란 남부지방을 가리키던 고대 이란어 파르스(Pars) 또는 파르사(Parsa)를 고대 그리스인들이 페르시스(Persis)라고 하였고, 라틴어에서 페르시아(Persia)로 정착하였다. 남부지방 이름이 이란 전체를 지칭하는 국호가 된 것이다. 한자 문화권에서는 파사(波斯)로 불렀다. 그러나 이란 사람들은 줄곧 이란이라는 말을 써왔다. 1935년에 페르시아 대신 이란으로 불러달라고 서구에 요구하였으나 페르시아라는 말의 역사가 유구하여 오히려 혼란을 불러일으킬 가능성이 크다고 판단하여 이란은 1959년 위원회를 만들어 토의한 결과 페르시아와 이란 두 용어 모두 쓰기로 결정하였다. 오늘날 이란인은 파르스 지방을 아랍어의 영향으로 Pars가 아니라 Fars로 부르고 있다. 페르시아어에는 아랍어와 달리 P 발음이 있는 데에도 불구하고, 아랍어의 영향으로 F로 발음하는 것이다. 이란어도 파르시(Farsi)라고 한다. 서구에서는 페르시아어라고 부른다.

이란은 1979년 이슬람혁명으로 2,500여년의 역사를 지닌 왕정을 무너뜨리고 공화정 체제를 갖게 된 국가다. 이란의 공화정은 시아 이슬람의 신앙을 반영한 이슬람 사상과 민주주의를 융합한 이슬람 민주주의다. 모함마드 하타미 전 대통령은 민주주의에는 다양한 형식이 있는데, 이란의 민주주의는 영성을 결핍한 기존 민주주의와 달리 이슬람을 통해 영적인 측면을 보완한 민주주의라고 자평한 바 있다.

남북한을 합친 것보다 7배나 더 큰 대국 이란은 7개국과 국경을 맞대고 있는 나라다. 남(2,040 km)과 북(524 km) 해안 경계까지 포함한 국경의 총 연장은 8,574 km에 달한다. 이라크(1,608 km)와 가장 긴 국경을 공유하고 있고, 그 뒤를 투르크메니스탄(1,190 km), 파키스탄(924.8 km), 아프가니스탄(919.1 km), 아제르바이잔(756.8 km), 터키(566.1 km), 아르메니아(45 km)가 따르고 있다.

제국학(Imperial Studies)에서 제국의 원형으로 여기는 쿠로쉬(Kurosh, Cyeus, 재위 기원전 558-530) 대제의 페르시아제국까지 거슬러 올라가는 이란의 역사를 가리킬 때 유구하다는 말보다 더 합당한 표현은 없을 것이다. 그러나 기나긴 역사보다 더 매력적인 것은 이란이 이슬람 문명의 산실이라는 사실이다. 이슬람을 받아들인 후 역사, 의학뿐 아니라 문학, 미술, 건축 등 다방면에서 이슬람 문화의 꽃을 피운 이란의 저력은 가공할 만하다. 세계 최초의 아랍어 문법책을 쓴 시바와이히(Sibawayhi, 760-796), 이슬람 역사의 대가 따바리(Tabari, 838-923), 의학의 아버지 이븐 시나(Ibn Sina, 980-1037), 이슬람법학과 수피 영성의 대명사 가잘리(Ghazali, 1058-1111)은 모두 페르시아어를 모국어로 쓰던 무슬림이다. 예언자의 언행을 모은 하디스 전집의 편집자들도 부하리, 무슬림을 비롯하여 역시 페르시아 출신들이 압도적 다수를 차지한다. 또한 마술처럼 감정을 사로잡는 아름다운 시구가 페르시아에서 쏟아져 나왔다. 오마르 하얌(Omar Khayyam, 1048-1131), 루미(Rumi, 1207-1273), 사으디(Sa'di,

약 1210-1291/1292), 하페즈(Hafez, 1325/26-1389/90) 등이 남긴 시는 오늘날까지 무슬림뿐 아니라 전 세계 비무슬림들도 즐겨 인용하고 있을 정도다. 또 아름다운 페르시안 블루(Persian Blue) 타일을 사용하여 지은 모스크와 궁전, 낙타 뼈에 그린 세밀화, 기하학적 무늬의 채색 도자기 등은 이슬람 건축과 예술의 정수를 보여준다. 이처럼 이란인들은 이슬람문명 발전에 지대한 공헌을 하였다. 아랍인들에게서 받아들인 이슬람 종교에서 문명의 꽃을 활짝 피운 사람들은 바로 이란인들이다. 이들의 빛나는 업적이 반영된 이슬람문명은 셀축튀르크(Selçuk Türk) 시대부터 튀르크인들을 통해 무슬림 세계 곳곳으로 전파되었다.

2. 행정구역

이란의 행정구역은 테헤란을 비롯하여 모두 31개 주(Ostan)로 이루어졌다. 내무부장관은 이슬람의회의 동의를 얻어 주지사(Ostandar)를 임명한다. 2010년 6월 23일 테헤란 주에서 분리된 알보르즈(Alborz)주가 가장 작은 주다.

〈그림1〉 이란의 행정구역

1. 테헤란(Tehran) 2. 곰(Qom) 3. 마르자키(Markazi) 4. 가즈빈(Qazvin) 5. 길란(Gilan) 6. 아르다빌(Ardabil) 7. 잔잔(Zanjan) 8. 아자르바이자네 샤르기(동 아자르바이잔 Azarbaijan-e Sharqi) 9. 아자르바이자네 가르비(서 아자르바이잔 Azarbaijan-e Ghahrbi) 10. 쿠르디스탄(Kurdistan) 11. 하마단(Hamadan) 12. 케르만샤(Kermanshah) 13. 일람(Ilam) 14. 로레스탄(Lorestan) 15. 후제스탄(Khuzestan) 16. 차하르 마할로 바흐티아리(Chahar Mahaal-o Bakhtiari) 17. 코흐길루예오 부예르 아흐마드(Kohgiruye-o Buyer Ahmad) 18. 부셰흐르(Bushehr) 19. 파르스(Fars) 20. 호르모즈간(Hormozgan) 21. 시스타노 발루체스탄(Sistan-o Baluchestan) 22. 케르만(Kerman) 23. 야즈드(Yazd) 24. 에스파한(Esfahan) 25. 셈난(Semnan) 26. 마잔다란(Mazandaran) 27. 골레스탄(Golestan) 28. 호라사네 쇼말리(북호라산 Khorasan-e Shomali) 29. 호라사네 라자비(라자비 호라산 Khorasan-e Razabi) 30. 호라사네 조누비(남호라산 Khorasan-e Jonubi) 31. 알보르즈(Alborz)

출처: Iran Chamber Society. http://www.iranchamber.com/provinces/iranian_provinces.php(검색일: 2017년 3월 20일).

Ⅱ. 역사

1. 이슬람 이전 왕조의 역사

이란의 역사는 이슬람 이전과 이후로 나뉜다. 이슬람 이전 시대의 지배적인 종교는 조로아스터교이고, 이슬람교가 조로아스터교를 대체한 이슬람 시대는 오늘날까지 이어지고 있다. 이슬람 시대는 1979년 이슬람혁명을 분기점으로 혁명 이전의 왕정 시대와 이후의 공화정 시대로 나뉜다.

기원전 10만년 경부터 사람이 거주한 곳이지만, 이란의 역사시대는 기원전 2700년경 오늘날 후제스탄(Khuzestan) 슈쉬(Shush, 수사 Susa)와 인근 지역에 거점을 둔 엘람(Elam)[2] 제국부터 시작한다. 비교적 원형이 가장 잘 보존된 형태의 지구라트로 평가 받고 있는 초가잔빌(Chogha Zanbil)의 지구라트가 이들이 남긴 유적이고, 주변지역의 수메르어, 아카드어와는 달리 고립된 언어를 사용했던 것으로 보인다.

아리안족 최초의 왕조는 메데스(Medes), 메디아(Media)[3]로 알려진 마다(Mada, 기원전 780-550) 왕조다. 고대 그리스인들이 엑바타나(Ecbatana)라고 불렀던 오늘날의 하마단(Hamadan)

에 자리잡고 기원전 6세기경 오늘날 아제르바이잔에서 중앙아시아, 아프가니스탄에 이르는 제국을 세웠다. 한자문헌에서 대하(大夏)라고 부른 박트리아(Bactria)를 통치하였다. 이들은 아리안족의 발흥을 선도하고, 통합된 문화와 정치체제를 이루었다는 측면에서 보았을 때 이란 역사에 전환점을 이루었다고 평가할 수 있다.[4]

마다 왕조의 뒤를 이은 하하마네쉬(Hakhamanesh, 기원전 700-330)는 이란 남부 파르스(Pars)에 근거를 둔 최초의 페르시아제국이다. 그리스어로는 아케메네스(Achaemenes) 왕조로 알려지고 있다. 기원전 550년 쿠로쉬 대제가 마다 왕조를 물리치고 제국의 기틀을 세웠다. 제국은 동쪽으로는 중앙아시아와 인도북서부, 서쪽으로는 이집트에 이르는 방대한 영토를 다스렸다.[5] 조로아스터교를 국교로 삼은 하하마네슈 제국은 3번째 황제 다리우쉬(Dariush, Darius, 재위 기원전 522-486)가 제국의 기반을 튼튼히 하여 200년간의 전성기를 누렸으나, 기원전 330년 마케도니아의 왕 알렉산드로스(Alexandros, Alexander, 기원전 356-323)의 침략으로 멸망하였다.

그리스에서 인도 북부에 이르는 대제국을 건설한 알렉산드로스가 죽으면서 그의 제국은 휘하 장수들이 나누어 다스렸는데, 이란은 셀류코스(Seleukos)가 세운 셀류코스 왕조(기원전 312-기원후 64)가 지배하였다. 셀류코스제국은 기원전 141년 파르티아(Parthia)제국으로 알려진 아쉬크(Ashk) 제국(기원전 약 250-기원후 약 226)이 무너뜨렸다. 파르티아는 라틴어인데, 페르시아어 파르사(Parsa)의 변형태(變形態)인 파르타바(Parthava)의 라틴어형인 것 같다. 동아시아 한자문화권에서는 파르티아를 안식(安息)이라고 불렀는데, 아쉬크의 음사였던 듯하다.

기원후 224년 아쉬크 제국을 섬기던 아르다시르(Ardashir)가 반란을 일으켜 2년 후인 226년 제국의 수도 크테시폰(Ctesiphon)을 함락하였다. 아르다시르 왕은 자신의 조부 이름을 따서 사산(Sasan)왕조(224-651)를 세웠다. 사산제국은 651년 아랍무슬림군에 무너질 때까지 400년 이상 존속한 이슬람 이전 마지막 제국으로 로마제국과 경쟁하고 그리스도교를 후원하면서 문화, 예술, 과학을 진작하였다.

아람(Aram)어를 전례 용어로 사용하는 동방 성(聖) 사도(使徒) 가톨릭 앗시리아 교회(The Holy Apostolic Catholic Assyrian Church of the East)가 635년 대진경교(大秦景教)라는 이름으로 당나라 수도 장안(長安)에 전파되었고, 555년 호스로 1세(Khosraw, Chosroes, 재위 531-579)는 곤디샤푸르(Gondishapur)에 교육기관을 설립하여 과학, 의학, 철학, 천문학 등 학문을 후원하고 학자들을 길러냈다. 곤디샤푸르 병원은 6-7세기 최고의 의료 기관으로 로마, 그리스, 인도, 이집트 등에서 뛰어난 과학자들을 유치하였다. 그러나 사산제국은 637년 아랍 무슬림군에게 수도 크테시폰(Ctesiphon)을 내어주었고, 651년 마지막 왕 야즈데게르드(Yazdegerd, 재위 632-651)가 살해당하면서 멸망하였다.

2. 이슬람 이후의 역사

아랍무슬림군 지배 아래에서 이란은 약 3세기에 걸쳐 이슬람화의 길을 걸었다. 이슬람을 받아들이면서 이란인은 오랜 역사에서 축적된 문명의 힘을 바탕으로 신생 이슬람문명을 주도하였다. 비록 아랍, 튀르크, 몽골 등 비(非) 이란인의 지배를 받았지만 이란인의 탁월한 재능은 이슬람 종교를 바탕으로 한 새로운 문명을 주도하였다. 이란인들은 9-10세기 슈우비야(Shuʿubiyyah) 운동으로 페르시아 문화의 저력을 발휘하였는데, 이란인들이 지금도 사랑하는 페르도우시(Ferdousī 935-

1020)의 『샤흐나메(Shāh-nameh)』는 이 시기의 대표적인 작품으로, 페르시아 왕들의 이야기를 서사시로 기록하였다. 10세기 이후 이슬람 세계는 페르시아어와 페르시아 문화가 주도하였다.

이란인들은 비록 이슬람을 기치로 내세운 아랍인들의 통치를 받았지만, 이슬람이 이란에 뿌리내리기에는 2-3세기라는 긴 시간이 걸렸다. 무슬림이 되었지만, 아랍 무슬림을 중시한 우마이야 칼리파조(661-750)때에는 이란인 무슬림들은 차별을 받았는데, 747년 이란 북동부 호라산(Khorasan) 지역에서 시작한 반 우마이야조 운동의 일원이 새로운 압바스 칼리파조(750-1258)를 세우는데 공헌하였다.

압바스 칼리파조 시기에 이란에는 사만(Saman, 875-999), 부예(Al-e Buye, 934-1062) 등 이란 왕조들이 하였다. 부예조는 945년부터 1055년까지 압바스 칼리파조 수도 바그다드와 이라크 전역을 다스렸다. 또 이란 동부는 한때 페르시아 문화를 수용한 튀르크 노예용병들이 세운 가즈나(Ghazna, 977-1186)조가 지배하였다.

1055년 부예조를 바그다드에서 축출한 셀축튀르크(1037-1220)조가 이란 지역을 장악한 이후 몽골의 일한(Ilkhan, 1260-

1335)조, 티무르(Timur, 1360-1447)조, 백양(白羊, Ak Koyunlu, 1467-1501)조가 이란을 지배하다가 사파비(Safavi, 1501-1736)조의 손에서 오늘날 이란의 종교문화의 틀이 이루어졌다. 사파비조는 숙적 오스만튀르크(1312-1925)를 의식하여 12이맘 시아파를 받아들였고, 그 결과 이란이 오늘날 압도적인 시아파 국가로 존재한다. 오스만튀르크, 무갈(1526-1857)과 함께 무슬림 세계를 삼분하였던 사파비 제국의 뒤를 이어 아프샤르(Afshar, 1736-1757)조, 잔드(Zand, 1757-1794)조, 가자르(Qajar, 1794-1925)조가 이란을 지배하였다.

가자르 왕조는 열강의 수탈에 취약하였다. 러시아와 영국의 각축장이었던 가자르 왕조 하 이란은 특히 영국에게 상당히 많은 경제적 이권을 안겨주었다. 1872년 로이터 남작(Baron Julius de Reuter)에게 로이터 특권(Reuter Concession, 광산, 금융, 철도 독점권), 1891년 탤봇(Talbot)에게 담배전매권(Regie Concession), 1901년 다시(William Knox D'Arcy)에게 석유채굴권(D'Arcy Concession)을 주었다. 1891년 성직자들은 담배불매가 종교법에 위배되지 않는다고 주장하면서 이란인들의 담배전매특허권 취소 시위에 힘을 보탰고, 왕정은 결국 이에 굴복하여 전매권을 취소하였다. 이처럼 이란인들은 왕정의 실정을 적극적으로 비판하고 나섰고, 1905년에는 왕의 권력을 제한하는 입헌혁명을 일으켜 1906년 10월 7일 입헌의회가 열리고, 12월 30일 헌법이 제정되었다. 이란 의회와 이란 헌법은 모두 중동 최초라는 영예를 안고 있다.

1921년 코사크(Cossack) 여단 사령관 레자 한(Reza Khan 1878-1944)이 쿠데타로 권력을 잡고 1923년 가자르 왕조의 마지막 왕 아흐마드 샤를 폐위한 후, 1926년 왕위에 올라 파흘라비(Pahlavi) 왕조를 열었다. 레자 한은 서구문물을 적극적으로 수용하여 근대화를 시도하였다. 그러나 레자 한의 친독일 정책에 불만을 품은 영국과 소련이 1941년 이란을 침공하여 레자 한을 폐위하고 그의 아들 모함마드 레자(Mohammad Reza)를 왕으로 옹립하였다.

레자는 입헌군주의 역할을 충실히 하겠다고 하였으나 스스로 한 말을 제대로 이행하지 않았다. 그러던 중 모함마드 모사데그(Mohammad Mosaddegh, 1882-1967) 총리가 국민의 지지를 등에 업고 레자와 힘겨루기를 하였고, 국민의 열망에 따라 1951년 의회가 이란 내 유전을 장악하던 앵글로-이란 석유회사(Anglo-Iran Oil Company)를 국유화한다고 선언하였다. 한 순간에 석유회사를 잃은 영국은 이란의 석유 판매를 철저히 봉쇄하였을

뿐 아니라 미국 중앙정보부와 합동으로 1953년 국왕친위쿠데타를 기획하여 모사데그를 제거하고 친 서구 레자 왕정을 복원하였다. 레자는 자신의 아버지가 추구하던 근대화 작업을 계승하여 이란을 탈이슬람 근대 세속국가로 만들기 위하여 피를 흘리지 않는 혁명이라는 뜻의 백색혁명(Enqelab-e Sefid, White Revolution) 찬반에 대하여 국민투표에 부쳤는데, 1963년 1월 26일 99%의 찬성으로 통과되었다. 백색혁명의 핵심 내용은 토지개혁, 민간부분 노동자간 이익 공유, 산림과 목초지 국유화, 토지개혁을 위한 국유공장 매각, 노동자와 농민의 정치 참여를 위한 선거법 개정, 문맹타파, 여성투표권 등 총 7가지였다.

근대화 작업을 급격하게 밀어붙이면서 레자는 비밀경찰(SAVAK)[6]을 동원하여 반대파들을 투옥, 고문, 살해하면서 폭압정치를 펼쳤다. 이에 민심이 정권에 등을 돌리면서 왕권은 심각하게 흔들리기 시작하였다. 레자의 부정과 반이슬람적 행태를 적극적으로 비판하고 나선 이는 바로 종교지도자 아야톨라 호메이니(Ayatollah Khomeini, 1902-1989)였다. 1963년 1월 백색혁명정책이 발표되자 비판하며 나섰고, 6월 3일 시아의 종교의례일인 아슈라에 곰(Qom)의 페이지예 마드레세(Feyziyeh madreseh)에서 레자를 3대 이맘 후세인을 카르발라에서 살해한 우마야 칼리파조의 야지드에 빗대어 맹렬히 비난하였다. 레자는 이틀 후 호메이니를 전격 체포하였는데, 이에 격분한 국민들이 전국 각지에서 항의시위에 나섰고, 이를 진압하던 경찰이 쏜 총에 수백 명이 죽거나 부상을 입었다. 이란에서는 이를 호르다드 15(Khordad 15) 항쟁이라고 부른다.

정권의 눈엣가시와 같은 존재가 된 호메이니는 1964년 이란 정부가 미군과 군속원, 가족에 대한 면책특권을 보장하는 협정을 맺는 것을 보고 다시금 강력하게 비판을 쏟아내었고, 이에 왕정은 호메이니를 체포하여 터키로 강제 출국시켰다. 이때부터 이슬람혁명이 성공할 때까지 호메이니는 줄곧 국외에 체류하여야만 하였다.

1975년 3월 레자는 라스타히즈(Rastakhiz)당을 결성하고 전 국민들에게 의무 가입을 강제하면서 일당 독재 체제를 구축하였다. 10월에는 인플레이션을 잡기 위하여 라스타히즈당의 청년당원들이 가격을 높게 매기는 상인들을 적발하여 가격인하를 강제하는 반이익(反利益) 정책을 집행하였다. 이에 따라 정상적인 상거래가 위축되었고, 상인들의 반감이 치솟기 시작하였다. 1977년 10월에는 비밀경찰이 호메이니의 큰 아들 모스타파(Mostafa)를 암살하였고, 호메이니 지지자들에게 무자비한 폭력을 가하였다. 이에 따라 상인뿐 아니라 온건파 종교지도자들까지 왕정에 등을 돌렸다. 호메이니의 비판을 감내하지 못한 왕정은 1978년 1월 7일 반(半) 관제(官制) 신문인 에텔라아트(Ettela'at)에 그를 외국의 적과 일하는 반역자로 묘사하면서 공격하였고, 이에 항의하는 시민들의 시위가 벌어져 사상자가 발생하였다. 왕정은 호메이니의 입을 막고자 이라크 정부에 압력을 넣었고, 이에 이라크 정부는 호메이니에게 침묵을 지켜야만 이라크에 머물 수 있다고 경고하였으나 호메이니가 불복하자 10월 6일 쿠웨이트로 강제 추방하였다. 그러나 쿠웨이트가 입국을 거부하였고, 호메이니는 10월 8일 프랑스로 망명을 떠났다.

1978년 9월 4일 라마단 단식 종료제 행사가 열린 테헤란 시내 게이타리예(Gheytariyeh) 지역에서 대규모 반정부 시위가 벌어졌다. 이에 왕정은 9월 8일 금요일 오전 6시를 기해 계엄령을 선언하였으나 시민들이 이에 불복하여 잘레(Zhaleh) 광장에 운집하자, 계엄군이 발포하여 수백 명의 사상자가 발생하였다. 석유산업 노동자들은 항의의 표시로 파업에 돌입함에 따라 국제적으로는 제2차 석유파동이 촉발되었다. 파업은 무려 33일 동안 지속되었다. 이슬람 태음력으로 새해 첫날인 1978년 12월 2일

약 2백만 명에 달하는 테헤란 시민들이 레자의 퇴위와 호메이니 귀국을 외치며 가두시위에 나섰고, 11일 시아파 최대의 종교의 례일인 아슈라에는 전국적으로 천만 명에 이르는 국민들이 반왕정 시위에 참가하였다. 국민의 거센 항의에 직면한 레자는 결국 이듬해 1월 16일 이집트로 망명을 떠났다. 2월 1일에는 호메이니가 전국민적 환대를 받으며 프랑스에서 귀국하였다.

호메이니는 레자가 떠나면서 총리로 임명한 반정부 지도자 샤푸르 바흐티아르(Shapour Bakhtiar, 1914-1991)를 거부하고, 메흐디 바자르간(Mehdi Bazargan, 1907-1995)을 수상으로 한 임시정부를 구성하면서 바흐티아르와 대립하였는데, 2월 11일 군이 중립을 선언하고 뒤로 물러서고 바흐티아르가 사임하면서 왕정이 완전히 무너지고 혁명이 성공하였다. 이어 3월 30일부터 31일까지 이틀 동안 16세 이상 모든 남녀에게 "왕정을 폐지하고 이를 이슬람 공화국으로 바꾸는 것에 동의하는가?"라는 질문으로 국민투표를 실시한 결과 유권자의 98.2%가 찬성하였다. 이에 다음 날인 4월 1일 호메이니가 "신의 통치가 시작된 첫날"로 선포함에 따라 이란 이슬람공화국이 탄생하였다.

이슬람공화정이 들어서자마자 1980년 9월 22일 아랍수로(Shatt al-Arab) 국경 분쟁을 빌미로 사담 후세인의 이라크가 이란을 침공하면서 8년 동안 이란-이라크 전쟁이 발발하였다. 표면적으로는 국경분쟁이었지만, 실질적으로는 이란의 이슬람혁명이 이웃 아랍 왕정으로 번질 것을 두려워한 미국과 자국 내 시아파를 고무할 것을 염려한 이라크의 공포심이 기나긴 전쟁의 근본 원인이었다고 해도 과언이 아니다. 아랍세계의 동쪽 수문장을 자처한 사담 후세인은 미국의 지원을 받아 이란의 새로운 정부가 안착하기 전에 공격을 가하여 무너뜨리려고 하였다. 이란인들이 인고의 전쟁(Jang-e tahmili)으로 부르지만, 동시에 침략자에게 단 한 치의 땅도 빼앗기지 않은 승전으로 기억하는 이란-이라크간 8년 전쟁은 100만 명에 이르는 사상자와 미화 6천억 달러에 이르는 막대한 경제적 손실을 입힌 채 유엔 안보리 결의안 598호에 따라 1988년 8월 20일에 끝났다. 양국 관계는 1990년에 정상화되었다.

1989년 혁명의 지도자 호메이니 사후 이란 정치는 보수파와 개혁파가 대립 양상을 보이기 시작하였다. 1997년 하타미가 대통령에 당선되고, 2001년 재선되면서 이란과 서구간 해빙분위기가 조성되는 듯하였으나, 2002년 조지 부시(George Bush) 미 대통령이 이란을 "악의 축(axis of evil)"으로 규정하면서 물거품이 되었고, 2005년 대선에서 테헤란 시장을 지낸 아흐마디네자

드가 당선되고, 2009년 재선되면서 이란은 국제적으로 더욱 고립되었다. 그러나 2013년 대통령에 당선된 루하니의 유연한 외교력에 힘입어 이란은 새로운 강자로 국제사회에서 부상하고 있다.

Ⅲ. 이란의 이슬람공화정 체제

1. 이슬람법 전문가 통치론

호메이니는 1965년 9월부터 12이맘 시아파의 첫 번째 이맘 알리의 성묘가 있는 이라크 나자프(Najaf)에서 13년 동안 망명생활을 하였는데, 이때 오늘날 이란이슬람공화정의 근본사상이 담긴 『이슬람법 전문가 통치론과 이슬람정부(Velayat-e faqih ya Hokumat-e Eslami)』를 완성하였다. 12이맘 시아파에서는 12번째 이맘 무함마드 알 마흐디(Muhammad al-Mahdi)가 873/4년에 11번째 이맘인 아버지 하산 알 아스카리(Hasan al-ʿAskari)의 장례를 마친 후 어디론가 사라졌다고 한다. 이를 가이바(Ghaybah), 즉 부재(不在) 또는 은폐(隱蔽)라고 하는데 이맘이 대리자를 통해 자신의 의견을 전하는 소은폐기(小隱蔽期)와 이맘의 뜻을 전할 대리자마저 없는 대은폐기(大隱蔽期)로 나뉜다. 이맘은 4명의 대리자를 통해 세상과 소통하였지만, 네 번째로 마지막 대리자인 알 사마르리(Al-Samarri)가 941년에 사망하면서 이맘의 뜻을 아는 것이 불가능하게 되었다. 그러나 시아 무슬림들은 소통이 불가능함에도 불구하고 이맘이 세상 어딘가에 살아 있고, 불의가 세상에 가득 찰 때 신의 뜻에 따라 사람들을 정의의 길로 인도하고자 출현할 것이라고 굳게 믿는다. '시대의 주(主)(Vali-ye asr)'로 부르는 12번째 이맘이 재림할 때까지 이맘을 대신하여 이슬람법에 가장 능통한 최고 권위의 전문가가 다스리면 그 외 이슬람법 전문가나 이슬람법학자들이 순종하여야 한다는 통치이론이 바로 '이슬람법 전문가 통치론'으로 이슬람공화정의 요체다. 헌법 제5조는 이를 다음과 표현한다. "시대의 주 ― '지고하신 신이시여, 그의 출현을 서둘러주시옵소서!' ― 부재(不在) 시, 헌법 107조에서 정의한 대로 이란 이슬람공화국에서 이맘의 권위와 인도의 책임은 정의롭고, 경건하며, 시대를 잘 알고, 용감하고, 행정가인 유능한 이슬람법 전문가가 진다."

2. 정치체제

이란은 이슬람체제와 공화국체제가 유기적으로 결합되어 있는 정치체제를 지니고 있는데, 공화국체제는 이슬람체제의 하부구조를 이룬다. 국가원수는 최고지도자이고, 공화국 체제에서 이슬람의회가 만든 법이 이슬람법을 위반하는지 여부를 이슬람법 전문가들로 구성된 헌법수호위원회에서 가늠하는 등 이슬람법 전문가들이 행정부와 입법부를 통제하기 때문이다. 이란의 모든 선거는 헌법수호위원회에서 후보자 자격을 심사하여 입후보 여부를 결정한다. 이 두 체제는 다음 〈표1〉과 같이 구분할 수 있다.

〈표1〉 이란의 정치체제

이슬람체제	공화국체제
최고지도자(이슬람법 전문가)	대통령
헌법수호위원회(12명) 최고지도자전문가의회(2016년 88명)	이슬람의회 (2016년 290명)
이슬람법학자 특별법정(이슬람 · 종교인 법정)	민 · 형사법정
혁명수비대와 민병대(Basij)	정규군

출처: 이권형, 박재은, 박현도, 이란의 정치 · 권력구조와 주요 정파별 경제정책 (2012), 26쪽, 표 2-3.

3. 권력구조

이란의 국가원수는 최고지도자다. 상징적인 존재가 아니라 실질적으로 국정의 최고책임자 역할을 수행한다. 임기는 종신이나, 이슬람법에 능통한 후보자들 중에서 국민직선으로 뽑힌 8년 임기의 전문가의회에서 최고지도자를 선출하고 탄핵할 수 있다. 최고지도자의 영도 아래 행정부, 입법부, 사법부 삼부가 존재한다. 군통수권도 최고지도자가 가지고 있다.

행정부 수장인 대통령은 국민직선으로 뽑히고, 4년 임기에 1회에 한하여 연임이 가능하다. 입법부인 이슬람의회는 4년 임기로 국민이 직접 선출한다. 이슬람의회 의장은 의원들의 투표로 결정한다. 사법부 수장은 최고지도자가 임명한다. 이슬람의회에서 만든 법은 이슬람법 준수 여부를 헌법수호위원회에서 심사하는데, 위반하였을 경우 이슬람의회로 되돌려 보낸다. 헌법수호위원회와 이슬람의회가 법안을 두고 대립하는 것을 막고자 체제공익판별위원회가 조정 역할을 수행한다. 군은 혁명수비대와 정규군으로 편성되어 있는데, 최고지도자가 통수권을 발휘한다.

〈그림2〉 이란의 권력구조

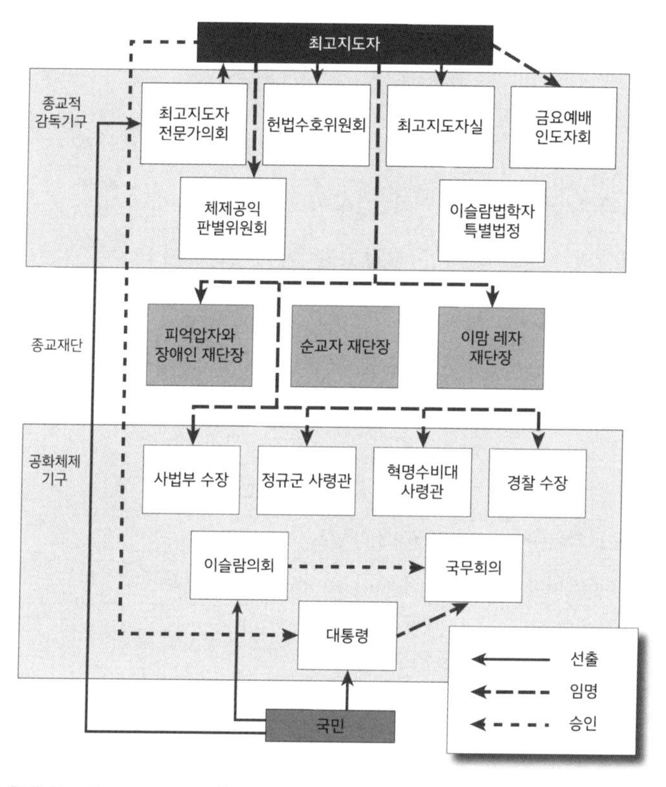

출처: Eva Patricia Rakel, "The Political Elite in Islamic Republic of Iran: From Khomeini to Ahmadinejad," *Comparative Studies of South Asia, Africa and the Middle East* 29:1 (2009), p. 111, Figure 1.

Ⅳ. 이란의 종교와 역법(曆法)

1. 종교

이란은 압도적인 다수가 12이맘 시아파 무슬림이지만, 소수 종교인의 신앙의 자유를 인정하고, 이슬람의회에 소수종교인을 위한 5석의 의석을 할당하고 있다. 시아파는 순니와 함께 메카와 메디나 순례를 하지만, 다음과 같이 시아 고유의 성스러운 장소를 방문하여 신심을 다진다.

〈표2〉 시아파의 성소

이라크 나자프	1대 이맘 알리
사우디아라비아 바끼아	예언자의 딸 파티마, 2대 이맘 하산, 4, 5, 6대 이맘
이라크 카르발라	3대 이맘 후세인
이란 마슈하드	8대 이맘 레자
이란 곰	8대 이맘 여동생 파티마
시리아 다마스쿠스 또는 이집트 카이로	3대 이맘 후세인과 그의 여동생 자이납. 후세인의 머리가 다마스쿠스 또는 카이로에 있다는 전승이 있음.
이라크 알카지미야	7대, 9대 이맘
이라크 사마르라	10대, 11대 이맘

2. 역법

이란에서는 이슬람양력과 이슬람음력을 모두 사용하는데, 이슬람 종교 의례를 제외한 모든 행사는 이슬람양력을 따른다. 이슬람양력은 1079년 이란을 지배한 셀축튀르크의 말리크샤(Malik-Shāh 1055-1092)가 과학자들을 시켜 만든 데에서 유래한다. 이를 개량하여 1925년부터 공식적으로 사용하고 있다.

원년은 이슬람음력과 마찬가지로 예언자 무함마드가 메카에서 메디나로 이주한 해로 삼되, 이슬람양력에 따라 연도를 계산한다. 따라서 2017년 올해는 1396년이다. 이란의 새해는 춘분인 3월 21일 노루즈(Noruz)에 시작하기에 서양력 2017년은 이슬람양력으로 1395년과 1396년이다. 태양력은 1월부터 6월까지는 31일이고, 7월부터 11월까지는 30일이다. 마지막 12번째 달은 29일인데 4년마다 오는 윤년에는 30일이 된다. 이슬람음력은 무슬림 종교의례에 사용된다. 달의 변화를 기준으로 하되 윤년을 쓰지 않기에 1년이 354일로 구성되어 태양력에 비해 11일씩 적고, 33년마다 1년의 차이가 난다. 2017년은 태음력으로 1438년과 1439년이다. 이란의 공휴일은 금요일이다.

〈표3〉 이란 이슬람양력과 서양력

월	일수	이슬람양력 월명	서양력	별자리
1	31	파르바르딘(Farvardin)	3/21 - 4/20	양
2	31	오르디베헤쉬트(Ordibehesht)	4/21 - 5/21	황소
3	31	호르다드(Khordad)	5/22 - 6/21	쌍둥이
4	31	티르(Tir)	6/22 - 7/22	게
5	31	모르다드(Mordad)	7/23 - 8/22	사자
6	31	샤흐리바르(Shahrivar)	8/23 - 9/22	처녀
7	30	메흐르(Mehr)	9/23 - 10/22	천칭
8	30	아반(Aban)	10/23 - 11/21	전갈
9	30	아자르(Azar)	11/22 - 12/21	사수
10	30	데이(Dey)	12/22 - 1/20	염소
11	30	바흐만(Bahman)	1/21 - 2/19	물병
12	29/30	에스판드(Esfand)	2/20 - 3/20	물고기

〈표4〉 이란 이슬람음력과 서양력

월	일수	이슬람음력 월명	서양력
1	30	무하르람(Muharram)	2016/10/3 - 2016/11/1
2	29	사파르(Safar)	2016/11/2 - 2016/11/30
3	30	라비으 알 아으왈(Rabiʿ al-Awwal)	2016/12/1 - 2016/12/30
4	29	라비으 앗 사니(Rabiʿ al-Thani)	2016/12/31 - 2017/1/28

5	30	주마다 알 아으왈(Jumada al-Awwal)	2017/1/29 - 2017/2/27
6	29	주마다 앗 사니(Jumada al-Thani)	2017/2/28 - 2017/3/28
7	30	라잡(Rajab)	2017/3/29 - 2017/4/27
8	29	샤으반(Sha'ban)	2017/4/28 - 2017/5/26
9	30	라마단(Ramadan)	2017/5/27 - 2017/6/25
10	29	샤으왈(Shawwal)	2017/6/26 - 2017/7/24
11	30	둘 까으다(Dhu al-Qa'da)	2017/7/25 - 2017/8/23
12	29/30	둘 힛자(Dhu al-Hijja)	2017/8/24 - 2017/9/21

Ⅴ. 헌법

이란은 1906년 중동 최초로 의회를 열고 헌법을 제정한 국가다. 1906년 헌법은 1831년 벨기에 헌법을 참조하여 만들어졌다.

현재 헌법은 이슬람혁명 직후인 6월 18일 혁명위원회에서 1958년 프랑스 제5공화국 헌법을 참고로 초안을 완성하였다. 헌법전문가의회가 결성되어 헌법을 심의한 후 국민투표에 부쳤다. 12월 2일부터 3일까지 양일간 실시된 국민투표에서 99.5%

의 찬성으로 헌법이 통과되었다. 그러나 1979년 헌법에는 개정과 최고지도자 선출 방법을 다룬 조항이 없었다. 또한 대통령과 총리가 병존하여 행정부 총괄 책임을 두고 문제가 발생하였다. 이란-이라크 전쟁으로 헌법 개정을 논의할 상황이 마련되지 않다가 전쟁 직후인 1989년 4월 헌법개정위원회가 구성되어 개정 작업에 착수하였다. 6월 3일 호메이니 서거 후 후임 최고지도자로 알리 하메네이가 선출되었고, 헌법 개정 작업은 계속되었다. 개정안은 5, 107, 109, 111조를 수정하고, 13장 국가안보 최고위원회 제목 하에 구성 요건을 담은 176조, 14장 헌법개정 제목 하에 177조 개정안을 새롭게 첨가하였다. 개정안은 최고지도자가 비준한 후 국민투표에 부쳐졌다. 7월 28일 대통령선거와 함께 거행된 헌법개정국민투표에서 개정안은 97.6%의 찬성으로 통과되었다. 이로써 기존 12장 175조의 헌법이 14장 177조로 개정되었다.

VI. 경제

2016년 석유수출국기구(OPEC)의 연례보고서에 따르면 이란은 확인매장량 기준으로 석유는 세계 3위, 가스는 세계 2위인 자원대국이다. 그러나 1979년 이슬람혁명 이래 줄곧 미국의 경제적 제재를 받아왔고, 2012년부터는 핵문제로 인한 국제제재를 겪으면서 경제의 핵심인 에너지 사업이 심각한 타격을 입었다. 이에 에너지 자원 의존도를 줄이기 위한 노력을 배가하여 2015년에는 반세기만에 처음으로 원유보다 세금에서 더 많은 수입을 얻는 쾌거를 이루었고, 원유의존도가 국내 총생산의 10%에 머무는 구조적 변화를 성취하였다.[7] 그럼에도 불구하고 이란 경제에서 에너지 산업이 차지하는 비중은 여전히 크기에 결코 무시할 수 없다. 따라서 제재해제 이후 이란은 에너지 산업을 보다 활성화하고자 노력을 기울이고 있다. 주변 산유국과 달리 유일하게 제조업 기반을 가지고 있긴 하지만, 경제 활성화를 위해서는 천혜의 자원을 최대한으로 활용하는 에너지 산업이 긴요하기 때문이다.

〈표5〉 이란의 석유와 가스 확인매장량

2015년 석유 확인 매장량 (단위: 백만배럴)			2015년 가스 확인 매장량 (단위: 십억 입방미터)		
1	베네수엘라	300,878	1	러시아	49,541.0
2	사우디아라비아	266,455	2	이란	33,500.0

3	이란	158,400	3	카타르	24,299.1
4	이라크	143,069	4	미국	11,011.0
5	쿠웨이트	101,500	5	투르크메니스탄	9,904.2

출처: OPEC, 2016 Annual Statistical Bulletin

〈표6〉 연도별 이란의 원유와 가스 확인 매장량

	2011년	2012년	2013년	2014년	2015년
원유(억배럴)	1,545.8	1,573.0	1,578.0	1,575.3	1,584.0
가스(십억 입방미터)	33,620.0	33,780.0	34,020.0	34,020.0	33,500.0

출처: OPEC, 2016 Annual Statistical Bulletin

〈표7〉 연도별 이란의 일일 원유 생산량(단위 배럴)

연도	생산량	비고	연도	생산량	비고
1960	1,067,700		1988	2,478,500	이란-이라크 전쟁
1961	1,202,200		1989	2,814,100	
1962	1,334,500		1990	3,135,300	
1963	1,941,300		1991	3,406,800	
1964	1,710,700		1992	3,431,600	
1965	1,908,300		1993	3,425,200	
1966	2,131,800		1994	3,596,000	
1967	2,603,200		1995	3,595,000	

1968	2,839,800		1996	3,596,000	
1969	3,375,800		1997	3,603,400	
1970	3,829,000		1998	3,714,000	
1971	4,539,500		1999	3,439,000	
1972	5,023,100		2000	3,661,300	
1973	5,860,900		2001	3,572,000	
1974	6,021,600		2002	3,248,000	
1975	5,350,100		2003	3,741,600	
1976	5,882,900		2004	3,834,200	
1977	5,662,800		2005	4,091,500	
1978	5,241,700		2006	4,072,600	
1979	3,167,900	이슬람혁명	2007	4,030,700	
1980	1,467,400	이란-이라크 전쟁	2008	4,055,700	
1981	1,262,800	이란-이라크 전쟁	2009	3,557,100	
1982	2,420,600	이란-이라크 전쟁	2010	3,544,000	
1983	2,441,700	이란-이라크 전쟁	2011	3,576,000	
1984	2,032,400	이란-이라크 전쟁	2012	3,739,800	경제제재
1985	2,192,300	이란-이라크 전쟁	2013	3,575,300	경제제재
1986	2,037,100	이란-이라크 전쟁	2014	3,117,100	경제제재
1987	2,297,600	이란-이라크 전쟁	2015	3,151,600	경제제재

출처: OPEC, 역대 Annual Statistical Bulletin

Ⅶ. 한-이란 관계

양국은 1962년 10월 23일 외교관계를 수립하여 우리나라는 1967년 4월 1일에, 이란은 1975년 8월 25일에 각각 대사관을 개설하였다. 우리나라는 중동 진출이 활발하던 1970년대에 2만 명 이상의 인력이 이란 건설시장에 진출하였고, 1977년 테헤란 시장이 방한한 것을 계기로 서울에는 테헤란로, 테헤란에는 서울로를 상호 지정하였다. 1980년 이란-이라크 전쟁 발발 후 1981년부터 1989년까지 양국 외교관계는 대리대사급으로 격하되기도 하였으나 종전 후 대사급으로 관계가 정상화되었고, 전후복구사업에 우리 기업이 참가하면서 경제협력이 증진되었다. 2000년대 들어 양국관계는 더욱 활발해져, 1966년 11월 이동원 당시 외무장관이 이란을 방문한 이래 2001년 8월 한승수 외무장관이 외무장관으로는 25년만에 다시 이란을 방문하여 양국간 우의를 다졌다. 2002년 양국 수교 40주년을 기념하여 이란은 테헤란에 한국광장과 서울공원을 지정하였다.

그러나 이란 핵문제가 불거지고 국제사회의 이란 제재가 시행되면서 우리나라도 제재에 동참함에 따라 양국 관계가 위축되었으나, 2015년 7월 이란 핵합의 타결과 함께 양국 관계 역시 호전

되기 시작하였다. 2015년 11월에는 윤병세 외교장관이 외교장관으로는 14년만에 다시 이란을 방문하고, 2016년 5월 1일부터 3일까지 양국 수교이래 최초로 우리 대통령이 이란을 국빈 방문하여 양국의 포괄적 파트너십에 관한 공동성명을 채택하였다.

양국의 교역규모는 2014년의 경우 우리나라의 대이란 수출은 41억 7천만 달러, 대이란 수입은 45억 8천만 달러를 기록하고 있다. 우리나라 입장에서 이란은 수출대상국 26위, 수입대상국 31위의 국가인 반면, 이란 입장에서 우리나라는 아랍에미레이트, 중국, 인도에 이어 4번째 교역 대상국이다.

〈표8〉 한-이란 교역 현황

단위: 백만달러, 괄호안은 전년대비 증감율

구분	2011년	2012년	2013년	2014년	2015년 (1-10월)
수출	6,068 (32.0%)	6,257 (3.1%)	4,481 (-28.4%)	4,167 (-7.0%)	3,759 (-9.8%)
수입	11,358 (63.7%)	8,544 (-24.8%)	5,564 (-34.9%)	4,578 (-17.7%)	2,362 (-48.4%)
무역수지	-5,290 (-125.7%)	-2,288 (57.1%)	-1,084 (52.6%)	-411 (62.1%)	1,397 (439.9%)
교역규모	17,427 (51.1%)	14,801 (-15.1%)	10,045 (-32.1%)	8,745 (-12.9%)	6,121 (-30.0%)

출처: KOTRA, 주이란 한국대사관 홈페이지

〈표9〉 주요 품목별 수출현황

단위: 천달러, 출처: 무역협회, 주이란 한국대사관 홈페이지

순위	품목명	2013년		2014년	
		금액	증감율	금액	증감율
	총계	4,480,902	-28.4	4,162,243	-7.1
1	합성수지	399,100	-42.2	434,671	8.9
2	컬러 TV	488,989	93.6	397,257	-18.8
3	냉장고	238,781	-23.0	264,256	10.7
4	자동차 부품	134,312	-39.1	258,996	92.8
5	평판 디스플레이	220,382	-33.5	203,851	-7.5
6	열연강판	117,533	-26.0	132,457	12.7
7	타이어	74,068	0.9	105,679	42.7
8	무선전화기	54,601	348.6	114,189	109.1
9	세탁기	101,387	185.9	103,800	2.4
10	공기조절기	67,316	-42.1	79,050	17.4
11	냉연강판	33,097	-81.4	115,001	247.5
12	기타 석유화학제품	99,390	-33.9	96,214	-3.2
13	건설 중장비	16,923	-88.6	83,390	392.8
14	인쇄용지	197,258	31.8	79,876	-59.5
15	기타 플라스틱제품	49,610	-14.1	57,853	16.6
16	아연도강판	48,120	-62.2	68,488	42.3
17	펌프	56,456	-53.0	59,743	5.8

〈표10〉 주요 품목별 수입현황

단위: 천달러, 출처: 무역협회, 주이란 한국대사관 홈페이지

순위	품목명	2013년		2014년	
		금액	증감율	금액	증감율
	총계	5,564,403	-34.9	4,578,119	-17.7
1	원유	5,133,613	-19.3	4,502,474	-12.3
2	LPG	238,429	-84.6	39,266	-83.5
3	아연괴 및 스크랩	11,012	-82.9	11,649	5.8
4	기타 금속광물	108	-73.1	4,612	4,152.0
5	새우	122	3.5	2,730	2,129.2
6	연괴 및 스크랩	3,833	3.3	2,561	-33.2
7	합성수지	88	-94.0	2,739	3002.5
8	동괴 및 스크랩	502	52.2	1,260	151.2
9	과실류	614	-31.6	983	60.2
10	식물성 한약재	492	-30.3	788	60.2
11	음료	852	-40.0	679	-20.3
12	견과류	410	25.6	572	39.4
13	기타 석유제품	409	-3.6	195	-52.5

〈표11〉 이란 건설공사 수주현황

단위: 억달러, 출처: 해외건설협회, 주이란 한국대사관 홈페이지

연도	2005	2006	2007	2008	2009	2010	총계
해외건설 수주 총액	108.5	164.7	397.8	476.4	491.4	470.0	3925.3
이란 수주액(이란/전체수주)	6.2 (6%)	4.0 (2%)	2.8 (1%)	2.1 (0%)	24.7 (5%)	0.0 (0%)	119.4 (3%)
이란 플랜트 수주액(플랜트/이란 수주)	5.9 (96%)	4.0 (100%)	2.8 (98%)	2.1 (100%)	24.7 (100%)	0.0 (0%)	111.8 (93.6%)
석유 관련 수주액(석유관련/이란 플랜트)	5.9 (96%)	0.8 (20%)	2.8 (98%)	2.1 (100%)	24.7 (100%)	0.0 (0%)	108.4 (97.0%)

주석

이란 이슬람공화국, 이슬람과 민주주의가 만나는 문화대국

1 R. Schmitt, "Aryans," *Encyclopaedia Iranica*, Online Edition, December 15, 1987, available at www.iranicaonline.org/articles/aryans

2 아카드(Akkad)어 발음. 엘람인들은 엘람을 할탐투(Haltamtu)나 할탐티(Haltamti)로 불렀다.

3 영어에서는 메데스(Medes)라고 하는데, 이는 단수 메데(Mede)의 복수형이다. 고대 그리스어에서는 메도스(Medos), 라틴어에서는 메두스(Medus)로 불렀다.

4 Ehsan Yarshater, "Iran: ii(1) Iran in Pre-Islamic Times," *Encyclopaedia Iranica*, Online Edition, December 15, 2004, available at www.iranicaonline.org/articles/aryans.

5 R. Schmitt, "Achaemenid Dynasty," *Encyclopaedia Iranica*, Online Edition, July 21, 2011, available at www.iranicaonline.org/articles/aryans.

6 Sazman-e Ettelaʿat va Amniyat-e Keshvar(National Intelligence and Security Organization)의 약자. 영국과 미국 정보기관의 도움을 받아1957년 왕의 권력을 강화하고자 만든 정보기관이다. 반정부 인사 감시, 체포, 고문을 담당한 비밀경찰로 악명이 높았다. 1979년 이슬람혁명 이후 폐쇄되었다.

7 Saeed Kamali Dehghan, "Iran Earns More from Tax than Oil for First Time in Almost 50 Years," *The Guardian*, September 27, 2015.

참고문헌

이권형, 박재은, 박현도. 『이란의 정치 · 권력구조와 주요 정파별 경제정책』. 전략지역심층연구 12-17, 연구자료 12-28. 서울: 대외경제정책연구원, 2012.

주이란 한국대사관 홈페이지.
http://irn.mofa.go.kr/korean/af/irn/main/index.jsp

정상률, 안정국, 박현도. 『중동국가 기초연구 (이란)』. 경제인문사회연구 보고서, 2011.

Dehghan, Saeed Kamali. "Iran Earns More from Tax than Oil for First Time in Almost 50 Years." *The Guardian*, September 27, 2015.

Iran Chamber Society. http://www.iranchamber.com/provinces/iranian_provinces.php

OPEC. *2016 Annual Statistical Bulletin*.

______. *Monthly Oil Market Report 2016* (January—October).

Statistical Center of Iran. https://www.amar.org.ir/english

Rakel, Eva Patricia. "The Political Elite in Islamic Republic of Iran: From Khomeini to Ahmadinejad," *Comparative Studies of South Asia*, *Africa and the Middle East* 29:1 (2009), pp. 105-125.

Yarshater, Ehsan et al. ed. *Encyclopaedia Iranica*. Online Edition. http://www.iranicaonline.org

찾아보기

【ㄹ】

【ㅁ】

【ㅂ】

【ㅅ】

【ㅇ】

【ㅈ】

【ㅊ】

【ㅋ】

【ㅌ】

【ㅍ】

【ㅎ】

【기타】

명지대학교 중동문제연구소 중동국가헌법번역HK총서09

이란 이슬람공화국 헌법

등록 1994.7.1 제1-1071
발행 2017년 6월 30일

기 획 명지대학교 중동문제연구소(www.imea.or.kr)
옮긴이 김종도 정상률 임병필 박현도
감 수 곽새라 김현종 모자파리
펴낸이 박길수
편집인 소경희
편 집 조영준
관 리 위현정
디자인 이주향
펴낸곳 도서출판 모시는사람들
03147 서울시 종로구 삼일대로 457(경운동 수운회관) 1207호
전 화 02-735-7173, 02-737-7173 / 팩스 02-730-7173
홈페이지 http://www.mosinsaram.com/

인쇄 상지사P&B(031-955-3636)
배본 문화유통북스(031-937-6100)

값은 뒤표지에 있습니다.
ISBN 979-11-86502-88-4 94360
SET 978-89-97472-43-7 94360

이 도서의 국립중앙도서관 출판예정도서목록(CIP)은 서지정보유통지원시스템 홈페이지(http://seoji.nl.go.kr)와 국가자료공동목록시스템(http://www.nl.go.kr/kolisnet)에서 이용하실 수 있습니다. (CIP제어번호 : CIP2017014481)